Grupo Auxiliar de la Función Administrativa del Servicio Gallego de Salud (SERGAS)

Octubre 2025

Curso

*La diferencia entre aprobar
y sacar plaza*

Grupo Auxiliar de la Función Administrativa

Servicio Gallego de Salud (SERGAS)

Si aún no dispones de tu **Curso MAD360**, te ofrecemos un acceso GRATIS de 30 días para que disfrutes de los siguientes recursos:

- Técnicas de Memoria 360.
- MADTEST: Test *online* Nivel PRO.
- Temario en formato digital.
- Vídeos.
- Esquemas.
- Planificación de estudio.
- Foro entre opositores hasta la fecha del examen.*
- Recursos y novedades exclusivas.
- Consúltanos sobre tu oposición y proceso selectivo.
- Actualizaciones legislativas (Boletines Oficiales) hasta 60 días antes de la fecha del examen.*

Para acceder a esta prueba del Curso MAD360** será necesaria la compra de todos los libros para esta especialidad de la edición 2025.

Regístrate en **mad.es/iniciar-sesion** y en la pestaña MIS CURSOS valida los códigos que encuentras en la última página de tus libros.

NOTA IMPORTANTE:

* Examen de esta categoría profesional correspondiente a la convocatoria publicada en el DOG n.º 170, de 4 de septiembre de 2025, o hasta el 31 de octubre de 2026, lo que se cumpla antes, y previa renovación del servicio.

** El acceso al CURSO MAD360 estará disponible desde octubre de 2025 (algunos recursos podrían estar disponibles en fecha posterior). Tendrá una duración de 30 días RENOVABLES mediante pago, desde la validación de códigos, o hasta el 30 de abril de 2027, lo que se cumpla antes.

MAD se reserva el derecho a ampliar dichas fechas.

Grupo Auxiliar de la Función Administrativa del Servicio Gallego de Salud (SERGAS)

Test y Supuestos Prácticos

Autores

JOSEFA GUILLERMA GANCEDO CONS
Licenciada en Derecho
Jefa de Servicio de Gestión y Planificación en la Xunta de Galicia

ÁLVARO GARDÓN FERNÁNDEZ
Técnico Especialista. Celador

MIGUEL ÁNGEL ESTÉVEZ FERNÁNDEZ
Jefe de Personal Subalterno del Hospital do Meixoeiro, de Vigo

JOSÉ LUIS GARRIDO VELA
Licenciado en Derecho

FRANCISCO JESÚS TORRES FONSECA
Licenciado en Derecho

CRISTINA RODRÍGUEZ RÍOS
Licenciada en Derecho

PATRICIA PÉREZ SÁNCHEZ-ROMATE
Licenciada en Derecho

DOMINGO GÓMEZ MARTÍNEZ
Licenciado en Derecho
Técnico de Función Administrativa

LUIS SILVA GARCÍA
Diplomado Universitario en Enfermería
Recuperación de Urgencias

SERGIO JIMENO MOLINS
Ingeniero Superior en Telecomunicaciones
Profesor de Educación Secundaria Obligatoria y Bachillerato

M.ª JOSÉ GARCÍA BERMEJO
Licenciada en Biología
Técnico Especialista en Laboratorio
Colaboradora de investigación en la Universidad Miguel Hernández en el Área de Microbiología
Profesora de TEL
Técnico en Salud Mental

MIGUEL ÁNGEL NAVAS DUEÑAS
Ingeniero Superior en Telecomunicaciones
Profesor de Informática de Ciclos Formativos de Grado Medio y Bachillerato

© 7 Editores Recursos para la Cualificación Profesional y el Empleo, S.L. (7 Editores)
© Los autores
Primera edición, octubre 2025 (132 páginas)
Derechos de edición reservados a favor de 7 Editores
IMPRESO EN ESPAÑA
Diseño Portada: 7 Editores
Edita: 7 Editores
Avda. San Francisco Javier, 9 · Edificio Sevilla 2 · Planta 11 · Módulos 25-27 · 41018 Sevilla
Teléfono: 954 784 411 · WEB: www.mad.es · e-mail: administracion@7editores.com
ISBN: 979-13-702-8100-7
© "Editorial Mad" y "Eduforma" son nombres comerciales registrados de 7 Editores Recursos para la Cualificación Profesional y el Empleo, S.L.

Índice

PARTE COMÚN

PARTE ESPECÍFICA

TEST

TEST N.º 1

La Constitución Española: principios fundamentales, derechos y deberes fundamentales de los españoles. La protección de la salud en la Constitución

1. Si un poder público, en su actuación, infringe lo dispuesto en el Preámbulo de la Constitución:

a) Incurre en nulidad.
b) Incurre en inconstitucionalidad.
c) No pasa nada, salvo que, como consecuencia de esa actuación, se infrinja un artículo de la propia Constitución.
d) Nada de lo anterior es cierto.

2. El principio en virtud del cual el ciudadano está amparado por una legislación no sujeta a continuos vaivenes es el de:

a) Legalidad.
b) Publicidad normativa.
c) Seguridad jurídica.
d) Jerarquía normativa.

3. El principio en virtud del cual un Reglamento no puede contradecir una Ley es el de:

a) Legalidad.
b) Jerarquía normativa.
c) Las respuestas a) y b) son correctas.
d) Seguridad jurídica.

4. Según la Constitución, una norma que imponga una nueva pena más leve para un delito:

a) No se aplica retroactivamente.
b) Puede aplicarse retroactivamente.
c) Ha de ser reglamentaria.
d) Atenta contra el principio de legalidad penal si se aplica retroactivamente.

5. Todos los españoles, respecto al castellano, tienen el:

a) Derecho-deber de conocerlo.
b) Derecho de usar y deber de conocerlo.
c) Derecho-deber de usarlo.
d) Nada de lo anterior.

6. La capital del Estado en España es:

a) La propia de cada Comunidad Autónoma.
b) Madrid.
c) Aquella donde se establezca en cada momento el Gobierno de la Nación.
d) Aquella en la que resida generalmente el Rey.

7. El pluralismo político, para nuestra Constitución, es un/una:

a) Principio General del ordenamiento político.
b) Valor superior del citado ordenamiento.
c) Principio rector de la política social y económica.
d) Derecho fundamental.

8. La forma política del Estado español es:

a) Unitaria y regionalizada.
b) Federal.
c) La Monarquía Parlamentaria.
d) La propia de un Estado Social y Democrático.

9. La justicia, según nuestra Constitución, es un/una:

a) Principio de nuestro ordenamiento jurídico.
b) Valor superior del anterior.
c) Manifestación del Estado democrático.
d) Todo lo anterior.

10. Un español de origen puede quedarse sin esta nacionalidad:

a) Por sanción administrativa.
b) Cuando libremente renuncie a la misma.
c) Por condena penal.
d) En ningún caso.

En tu Curso MAD360 tienes más **preguntas de este tema** y todos tus avances quedan registrados.

¡MAD360, todo lo que necesitas para conseguir tu plaza!

Solución al test n.º 1

1. c) No pasa nada, salvo que, como consecuencia de esa actuación, se infrinja un artículo de la propia Constitución.

2. c) Seguridad jurídica.

3. c) Las respuestas a) y b) son correctas.

4. b) Puede aplicarse retroactivamente.

5. b) Derecho de usar y deber de conocerlo.

6. b) Madrid.

7. b) Valor superior del citado ordenamiento.

8. c) La Monarquía Parlamentaria.

9. b) Valor superior del anterior.

10. b) Cuando libremente renuncie a la misma.

TEST N.º 2

**Estatuto de Autonomía de Galicia: estructura y contenido.
El Parlamento. La Xunta y su Presidente.
La Administración Pública Gallega**

1. La Comunidad Autónoma gallega contará, para el desempeño de sus competencias, con:

a) Hacienda propia.
b) Patrimonio propio.
c) Economía propia.
d) Son correctas las respuestas a) y b).

2. El patrimonio de la Comunidad Autónoma estará integrado por:

a) El patrimonio de la Comunidad en el momento de aprobarse el Estatuto.
b) Los bienes afectos a servicios traspasados a la Comunidad Autónoma.
c) Los bienes adquiridos por la Comunidad Autónoma por cualquier título jurídico válido.
d) Todas son correctas.

3. Los poderes de la Comunidad Autónoma de Galicia emanan:

a) Del Estatuto de Autonomía, el pueblo y la Corona.
b) Del pueblo y la Constitución.
c) De la Constitución, del Estatuto de Autonomía de Galicia y del pueblo.
d) De la Constitución y del pueblo gallego.

4. La aprobación de los presupuestos de la Comunidad Autónoma de Galicia corresponde:

a) Al Presidente de la Xunta de Galicia.
b) A la Xunta de Galicia.

c) Al Congreso de los Diputados.
d) Al Parlamento de Galicia.

5. El Presidente del Tribunal Superior de Justicia de Galicia es nombrado:

a) Por el Presidente de la Junta, previo acuerdo del Parlamento de Galicia.
b) Por el Presidente del Gobierno, la propuesta de las Cortes Generales.
c) Por el Presidente del Gobierno, la propuesta del Consejo General del Poder Judicial.
d) Por el Rey, la propuesta del Consejo General del Poder Judicial.

6. El artículo 12.3 del Estatuto de Autonomía de Galicia dice que el Parlamento funcionara:

a) En Plenos y en Diputación Permanente.
b) En Plenos y en Comisiones, y se reunirá en sesiones ordinarias y extraordinarias.
c) En Plenos y en Mesas, y se reunirá en sesiones ordinarias.
d) En Pleno y en Diputación Permanente, y se reunirá en sesiones ordinarias y extraordinarias.

7. Como dice el artículo 15.3 del Estatuto de Autonomía de Galicia, el que propone al candidato a Presidente de la Xunta de Galicia es:

a) La Diputación Permanente.
b) El Parlamento Gallego en Pleno.
c) El Presidente del Parlamento.
d) El Rey.

8. Según el artículo 7.1 del Estatuto de Autonomía de Galicia, las comunidades gallegas asentadas fuera de Galicia podrán solicitar el reconocimiento de su galleguidad sin que en ningún caso implique la concesión de:

a) Derechos políticos.
b) Derechos culturales.
c) Subvenciones de la Xunta de Galicia.
d) Estatuto de Autonomía.

9. La iniciativa de la reforma del Estatuto corresponderá a:

a) La Junta.
b) Al Parlamento gallego, a propuesta de una quinta parte de sus miembros.
c) A las Cortes Generales.
d) Todas son ciertas.

10. La propuesta de reforma del Estatuto, requerirá:

a) La aprobación del Parlamento gallego por mayoría de dos tercios.
b) La aprobación de las Cortes Generales mediante Ley Orgánica.
c) El referéndum positivo de los electores.
d) Todas son ciertas.

En tu Curso MAD360 tienes más **preguntas de este tema** y todos tus avances quedan registrados.

¡MAD360, todo lo que necesitas para conseguir tu plaza!

Solución al test n.º 2

1. d) Son correctas las respuestas a) y b).

2. d) Todas son correctas.

3. c) La Constitución, el Estatuto de Autonomía de Galicia y el pueblo.

4. d) Al Parlamento de Galicia.

5. d) Por el Rey, la propuesta del Consejo General del Poder Judicial.

6. b) En Plenos y en Comisiones, y se reunirá en sesiones ordinarias y extraordinarias.

7. c) El Presidente del Parlamento.

8. a) Derechos políticos.

9. d) Todas son ciertas.

10. d) Todas son ciertas.

TEST N.º 3

La Ley General de Sanidad: fundamentos y características. Competencias de las Administraciones Públicas en relación con la salud. Derechos y deberes de los usuarios del sistema sanitario público

1. El derecho de todos los ciudadanos a la protección de la salud viene reconocido en el ámbito constitucional en:

a) Los artículos 43 y 44.
b) Los artículos 49 y 50.
c) El artículo 43 solamente.
d) Los artículos 43 y 49.

2. La Ley General de Sanidad establece que son titulares del derecho a la protección de la salud y a la atención sanitaria:

a) Todos los españoles y los extranjeros con residencia en el territorio nacional.
b) Todos los españoles y los mayores de 18 años.
c) Todos los españoles y cualquier extranjero.
d) Solamente los españoles.

3. La financiación de las necesidades sanitarias se efectuará a través de:

a) Las consignaciones en las partidas presupuestarias del Estado exclusivamente.
b) Las consignaciones en las partidas presupuestarias del Estado, Comunidades Autónomas, y Corporaciones Locales.
c) Las consignaciones en las partidas presupuestarias del Estado y Seguridad Social.
d) Las consignaciones en las partidas presupuestarias del Estado, Comunidades Autónomas, Corporaciones Locales y Seguridad Social.

4. La Ley General de Sanidad se aprobó en el siguiente año:

a) 1986.
b) 1987.

c) 1985.
d) 1984.

5. La Ley General de Sanidad efectúa la siguiente proclamación:

a) El personal podrá ser cambiado de puesto por necesidades imperativas de la organización sanitaria, dentro del Área de Salud.
b) El personal podrá ser trasladado a cualquier Centro sanitario de la Comunidad Autónoma correspondiente.
c) El personal de la Comunidad Autónoma correspondiente a cualquier Centro sanitario del Distrito de Atención Primaria.
d) El personal podrá ser cambiado de puesto por necesidades derivadas de la organización sanitaria dentro de cada provincia.

6. El reconocimiento del derecho al ejercicio libre de las profesiones sanitarias se establece en el siguiente artículo de la Constitución:

a) Artículo 35.
b) Artículo 36.
c) Artículos 35 y 36.
d) Artículos 34 y 35.

7. La Ley General de Sanidad consta del siguiente número de artículos:

a) 112.
b) 113.
c) 115.
d) 116.

8. La estructura del Sistema Sanitario Público, se regula en el siguiente título de la Ley General de Sanidad:

a) Título II.
b) Título VI.
c) Título IV.
d) Título III.

9. ¿Cuántas Disposiciones Transitorias tiene la Ley General de Sanidad?

a) 1.
b) 3.
c) 5.
d) 4.

10. ¿Cuál es el propósito básico, el objeto de la Ley 14/1986, de 25 de abril, General de Sanidad?

a) La regulación general de todas las acciones que permitan hacer efectivo el derecho a la protección de la salud.

b) El desarrollo de una acción global de prevención que implique a la colectividad, considerada como conjunto.

c) La puesta al día de las técnicas de intervención pública en los problemas de salud de la colectividad.

d) La cobertura de los riesgos sanitarios a través de una cuota vinculada al trabajo.

En tu Curso MAD360 tienes más **preguntas de este tema** y todos tus avances quedan registrados.

¡MAD360, todo lo que necesitas para conseguir tu plaza!

Solución al test n.º 3

1. d) Los artículos 43 y 49.

2. a) Todos los españoles y los extranjeros con residencia en el territorio nacional.

3. d) Las consignaciones en las partidas presupuestarias del Estado, Comunidades Autónomas, Corporaciones Locales y Seguridad Social.

4. a) 1986.

5. a) El personal podrá ser cambiado de puesto por necesidades imperativas de la organización sanitaria, dentro del Área de Salud.

6. c) Artículos 35 y 36.

7. d) 116.

8. d) Título III.

9. c) 5.

10. a) La regulación general de todas las acciones que permitan hacer efectivo el derecho a la protección de la salud.

La Ley de Salud de Galicia: el sistema público de salud de Galicia. Competencias sanitarias de las administraciones públicas de Galicia. El Servicio Gallego de Salud. Su estructura organizativa: disposiciones que la regulan

1. Según la Ley 8/2008, de 10 de julio, de Salud de Galicia, el órgano de la administración pública que tiene asignadas las competencias o funciones de ordenación, regulación, inspección, control o sanción en el ámbito sanitario o de la salud, se denomina:

a) Autoridad Sanitaria.
b) Servicio Sanitario.
c) Consejo de Dirección del SERGAS.
d) Ninguna es correcta.

2. ¿En virtud de qué Ley, hoy derogada, se creó el Servicio Gallego de Salud?

a) La Ley 14/1986, de 25 de abril.
b) La Ley 1/1989, de 2 de enero.
c) La Ley 3/2008, de 10 de junio.
d) La Ley 8/2008, de 10 de julio.

3. Según la Ley 8/2008, el nivel de atención Sanitaria que constituye el primer nivel de acceso ordinario de la población al Sistema Público de Salud de Galicia se denomina:

a) Atención Hospitalaria.
b) Atención Sociosanitaria.
c) Atención Primaria.
d) Atención a Urgencias y Emergencias.

4. ¿En qué Título de la Ley de Salud de Galicia se estudia el objeto y alcance de la Ley y la definición de los principales términos y conceptos que se utilizan a lo largo de ella?

a) Título primero.
b) Título tercero.

c) Título preliminar.
d) Título segundo.

5. Según recoge la Ley de Salud de Galicia, ¿a quién corresponde la aprobación de la Estrategia Gallega de Salud?

a) Al Consello de la Xunta.
b) A la Consejería competente en materia de Sanidad.
c) Al Consejo Gallego de Salud.
d) Al Parlamento de Galicia.

6. ¿En qué parte de la Ley de Salud de Galicia se estudian los derechos sanitarios de la ciudadanía?

a) Título primero. Capítulo primero.
b) Título segundo. Capítulo segundo.
c) Título primero. Capítulo segundo.
d) Título segundo. Capítulo primero.

7. El nombramiento y cese de los altos cargos de la Administración pública sanitaria de la Xunta de Galicia, corresponde:

a) Al Consejo de la Xunta de Galicia.
b) Al Servicio Gallego de Salud.
c) A la Consejería competente en materia de Sanidad.
d) Al Presidente de SERGAS.

8. Según la Ley de Salud de Galicia, la capacidad de responder a las necesidades presentes sin comprometer la posibilidad de responder a las necesidades futuras se denomina:

a) Sustentabilidad.
b) Proporcionalidad.
c) Recurso pandémico.
d) Cartera de servicios.

9. El Órgano superior, no colegiado, de consulta y asesoramiento de la Consellería competente en materia de Sanidad es:

a) El Foro de Participación Institucional de Sanidad.
b) El Consejo Gallego de Salud.
c) El Consejo de la Xunta de Galicia.
d) El Consejo Asesor del Sistema Público de Salud de Galicia.

10. ¿En qué Título de la Ley de Salud de Galicia se trata el Servicio Gallego de Salud?

a) Título tercero.
b) Título quinto.
c) Título séptimo.
d) Título sexto.

En tu Curso MAD360 tienes más **preguntas de este tema** y todos tus avances quedan registrados.

¡MAD360, todo lo que necesitas para conseguir tu plaza!

Solución al test n.º 4

1. a) Autoridad Sanitaria.

2. b) La Ley 1/1989, de 2 de enero.

3. c) Atención Primaria.

4. c) Título preliminar.

5. a) Al Consello de la Xunta.

6. c) Título primero. Capítulo segundo.

7. a) Al Consejo de la Xunta de Galicia.

8. a) Sustentabilidad.

9. d) El Consejo Asesor del Sistema Público de Salud de Galicia.

10. d) Título sexto.

El Estatuto Marco del personal estatutario de los servicios de salud: clasificación del personal estatutario. Derechos y deberes. Retribuciones. Jornada de trabajo. Situaciones del personal estatutario. Régimen disciplinario. Incompatibilidades. Representación, participación y negociación colectiva

1. La Ley 55/2003 del Estatuto Marco de Personal Estatutario de los Servicios de Salud es aplicable:

a) Al personal estatutario de los servicios de salud.
b) Al personal sanitario excluyendo al personal de gestión y servicios.
c) Al personal funcionario de las Comunidades Autónomas.
d) Al personal funcionario del Estado.

2. El personal estatutario con nombramiento expedido para el ejercicio de una profesión o especialidad sanitaria se denomina:

a) Personal sanitario.
b) Otro personal.
c) Personal de mantenimiento.
d) Personal de gestión y servicios.

3. El personal estatutario con nombramiento expedido para el desempeño de funciones de gestión o para el desempeño de profesiones u oficios que no tengan carácter sanitario se denomina:

a) Personal universitario.
b) Personal de gestión y servicios.
c) Personal directivo.
d) Personal administrativo.

4. Según establece el art. 8 de la Ley 55/2003, de 16 de diciembre, del Estatuto Marco de los Servicios de Salud, es personal estatutario fijo:

a) El que una vez superado el correspondiente proceso selectivo, obtiene un nombramiento para el desempeño, con carácter permanente, de las funciones que de tal nombramiento se deriven.

b) Todo el personal al servicio de los Servicios de Salud.

c) El personal que realice una prestación de servicios determinados de naturaleza temporal, coyuntural o extraordinaria.

d) El personal en posesión de un contrato laboral indefinido.

5. Según el art. 5 del Estatuto Marco, el personal estatutario se clasifica atendiendo a: (señala la respuesta incorrecta):

a) La función desarrollada.

b) El nivel del título exigido para el ingreso.

c) El tipo de nombramiento.

d) El expediente laboral.

6. Conforme al artículo 9.1 del Estatuto Marco (en redacción dada por el Real Decreto-ley 12/2022, de 5 de julio, por el que se modifica la Ley 55/2003, de 16 de diciembre, del Estatuto Marco del personal estatutario de los servicios de salud) los nombramientos del Personal Estatutario Temporal de los Servicios de Salud serán:

a) Únicamente de Personal Estatutario Sanitario.

b) Personal Estatutario Contratado.

c) De Interinidad.

d) Como Personal Laboral.

7. Conforme al artículo 5 de la Ley 55/2003, de 16 de diciembre, el personal estatutario de los Servicios de Salud, se clasifica con diferentes criterios, atendiendo:

a) A la función desarrollada; al nivel del título exigido para su ingreso; y al tipo de contrato.

b) Al nivel del título exigido para su ingreso; y al tipo de nombramiento.

c) A su carácter de propietario, interino o eventual.

d) A la función desarrollada; al nivel del título exigido para su ingreso; y al tipo de nombramiento.

8. Conforme a lo dispuesto en el artículo 2.2 de la Ley 55/2003, de 16 de diciembre, del Estatuto Marco del personal estatutario de los servicios de salud, en lo no previsto en la misma serán aplicables al personal estatutario:

a) Las disposiciones y principios generales sobre función pública de la Administración correspondiente.

b) Las disposiciones de derecho laboral, dictadas al amparo del artículo 149.1.7º de la Constitución.

c) Las disposiciones sobre función pública de la Administración del Estado, en todo caso, conforme a lo dispuesto en el artículo 149.3 de la Constitución.

d) El convenio colectivo del personal laboral al servicio de la Administración correspondiente.

9. Conforme al artículo 6.2 de la Ley 55/2003, de 16 de diciembre, del Estatuto Marco del personal estatutario de los servicios de salud, atendiendo al nivel académico del título exigido para el ingreso, el personal estatutario sanitario de formación profesional se divide en:

a) Técnicos sanitarios y Auxiliares de Enfermería.
b) Técnicos superiores y Técnicos.
c) Técnicos superiores y Técnicos de gestión.
d) Técnicos especialistas y Técnicos.

10. Los excesos de jornada tendrán el carácter de jornada complementaria y un límite máximo de:

a) No hay límite máximo de horas.
b) 125 horas al año.
c) 135 horas al año.
d) 150 horas al año.

En tu Curso MAD360 tienes más **preguntas de este tema** y todos tus avances quedan registrados.

¡MAD360, todo lo que necesitas para conseguir tu plaza!

Solución al test n.º 5

1. a) Al personal estatutario de los servicios de salud.

2. a) Personal sanitario.

3. b) Personal de gestión y servicios.

4. a) El que una vez superado el correspondiente proceso selectivo, obtiene un nombramiento para el desempeño, con carácter permanente, de las funciones que de tal nombramiento se deriven.

5. d) El expediente laboral.

6. c) De Interinidad.

7. d) A la función desarrollada; al nivel del título exigido para su ingreso; y al tipo de nombramiento.

8. a) Las disposiciones y principios generales sobre función pública de la Administración correspondiente.

9. b) Técnicos superiores y Técnicos.

10. d) 150 horas al año.

El personal estatutario del Servicio Gallego de Salud: régimen de provisión y selección de plazas

1. Conforme a lo dispuesto en el Estatuto Marco, ¿cuál de los siguientes no es un principio básico rector de la provisión de plazas del personal estatutario?

a) El principio de planificación eficiente de las necesidades de recursos.
b) El principio de estabilidad del personal en el conjunto del Sistema Nacional de Salud.
c) El principio de integración en el régimen organizativo y funcional del Servicio de Salud y de sus Instituciones y Centros.
d) El principio de capacidad.

2. Según establece la Ley de Salud de Galicia, la provisión de puestos de trabajo en el Sistema Público de Salud de Galicia se realizará a través de los procedimientos de:

a) Oposición y Concurso-Oposición.
b) Selección, promoción interna, movilidad, reingreso al servicio activo y libre designación.
c) Selección, promoción interna y movilidad.
d) Selección, promoción interna, movilidad y reingreso al servicio activo.

3. Conforme al Decreto 206/2005, de provisión de plazas de personal estatutario del SERGAS, ¿con qué periodicidad elaborará el Servicio Gallego de Salud un plan de provisión de plazas destinado a programar las pruebas de acceso del nuevo personal y los procesos de promoción interna y movilidad voluntaria del personal estatutario fijo?

a) Anualmente.
b) Preferentemente cada dos años.
c) Cada cinco años.
d) Cada seis años.

4. En cuanto a la selección de personal temporal en la Comunidad Autónoma de Galicia, el período de prueba en el caso de personal de formación universitaria, tanto personal estatutario sanitario, como de gestión y servicios no podrá superar el trabajo efectivo durante:

a) 1 mes.
b) 15 días.
c) 2 meses.
d) 3 meses.

5. El Estatuto Marco, Ley 55/2003, establece en cuanto a la selección de personal estatutario fijo, que las convocatorias y sus bases vinculan a:

a) La Administración.
b) Los Tribunales encargados de juzgar las pruebas.
c) Quienes participen en las pruebas.
d) Todos los anteriores.

6. En virtud de la Ley 2/2015, de 29 de abril, del Empleo Público de Galicia. ¿Qué porcentaje, del total de plazas convocadas para el Servicio Gallego de Salud, se reservará para ser cubiertas entre personas con discapacidad de grado igual o superior al 33 por ciento?

a) Un mínimo de un 2 %.
b) Un mínimo de un 3 %.
c) Un mínimo de un 4 %.
d) Un mínimo de un 7 %.

7. Como norma general, la gestión de los llamamientos de los aspirantes será llevada a cabo por:

a) Las direcciones de recursos humanos de las gerencias de gestión integrada.
b) Las direcciones de recursos económicos de las gerencias de gestión integrada.
c) Las gerencias de gestión integrada.
d) Las Direcciones Provinciales.

8. Según lo establecido en el Decreto 206/2005, de 22 de julio, de provisión de plazas de personal estatutario del Servicio Gallego de Salud, en el procedimiento de concurso-oposición, los empates se resolverán a favor de:

a) El que obtuviese mayor puntuación en la fase de concurso.
b) El que obtuviese mayor puntuación en la fase de oposición.
c) El que obtuviese mayor puntuación en formación.
d) No hay criterios de desempate en ese procedimiento.

9. Una vez finalizado el proceso selectivo, y resuelta la relación de aspirantes, ¿qué plazo se podrá habilitar para que estos presenten la documentación que acredite el cumplimiento de los requisitos exigidos en la convocatoria?

a) Siete días.
b) Diez días.
c) Quince días.
d) Un mes.

10. ¿Qué plazo tienen, aquellos miembros del personal estatutario fijo que participen en un concurso de traslado, y ganen una plaza en distinta área de salud, dentro del SERGAS, para la toma de posesión de esa nueva plaza?

a) Quince días hábiles siguientes a aquel en que se publique la resolución definitiva.
b) Quince días hábiles siguientes al del cese.
c) Quince días naturales siguientes a aquel en que se publique la resolución definitiva.
d) Quince días naturales siguientes al del cese.

En tu Curso MAD360 tienes más **preguntas de este tema** y todos tus avances quedan registrados.

¡MAD360, todo lo que necesitas para conseguir tu plaza!

Solución al test n.º 6

1. b) El principio de estabilidad del personal en el conjunto del Sistema Nacional de Salud.

2. b) Selección, promoción interna, movilidad, reingreso al servicio activo y libre designación.

3. b) Preferentemente cada dos años.

4. d) 3 meses.

5. d) Vinculan a todos los anteriores.

6. d) Un mínimo de un 7 %.

7. a) Las direcciones de recursos humanos de las gerencias de gestión integrada.

8. b) El que obtuviese mayor puntuación en la fase de oposición.

9. b) Diez días.

10. b) Quince días hábiles siguientes al del cese.

TEST N.º 7

**Normativa vigente sobre protección de datos personales
y garantía de los derechos digitales: disposiciones generales;
principios de protección de datos; derechos de las personas.
La ley Gallega 3/2001, de 28 de mayo, reguladora del
consentimiento informado y de la historia clínica de los pacientes**

1. Según el artículo 18.3 de la Constitución Española, se garantiza el secreto de las comunicaciones y, en especial, de las postales, telegráficas y telefónicas:

a) Siempre.
b) Salvo resolución judicial.
c) Excepto en los casos que establezcan las leyes.
d) Salvo consentimiento del interesado.

2. Cuando los plazos se señalen por días en el RGPD o en la LO 3/2018, se entiende que estos:

a) Son naturales.
b) Son hábiles, de lunes a sábado; excluyéndose del cómputo los domingos y los declarados festivos.
c) Son naturales; excluyéndose del cómputo los declarados festivos.
d) Son hábiles, excluyéndose del cómputo los sábados, los domingos y los declarados festivos.

3. El RGPD considera "destinatario":

a) A la persona física o jurídica, autoridad pública, servicio u otro organismo al que se comuniquen datos personales, siempre que se trate de un tercero.
b) A la persona física o jurídica, autoridad pública, servicio u otro organismo al que se comuniquen datos personales, se trate o no de un tercero.
c) A la autoridad pública que pueda recibir datos personales en el marco de una investigación concreta de conformidad con el Derecho de la Unión o de los Estados miembros.

d) A la persona física o jurídica, autoridad pública, servicio u organismo distinto del interesado, del responsable del tratamiento, del encargado del tratamiento y de las personas autorizadas para tratar los datos personales bajo la autoridad directa del responsable o del encargado.

4. El RGPD denomina a la autoridad pública independiente establecida por un Estado miembro:

a) Agencia Nacional de Protección de Datos.
b) Representante.
c) Autoridad de control.
d) Autoridad de referencia.

5. ¿Cómo denomina el RGPD el tratamiento de datos personales de manera tal que ya no puedan atribuirse a un interesado sin utilizar información adicional, siempre que dicha información adicional figure por separado y esté sujeta a medidas técnicas y organizativas destinadas a garantizar que los datos personales no se atribuyan a una persona física identificada o identificable?

a) Seudonimización.
b) Anonimización.
c) Generalización.
d) Encriptación.

6. Conforme al artículo 3 de la LO 3/2018, las personas vinculadas al fallecido por razones familiares o de hecho así como sus herederos:

a) No podrán dirigirse al responsable o encargado del tratamiento para solicitar el acceso a los datos personales de aquella, si no es por vía judicial.
b) Solo podrán dirigirse al encargado del tratamiento, siempre que sea con objeto de rectificar datos manifiestamente falsos.
c) Podrán dirigirse al responsable o encargado del tratamiento siempre que sea con objeto de solicitar la supresión de los datos personales de aquella sin posibilidad de acceder a ellos.
d) Podrán dirigirse al responsable o encargado del tratamiento al objeto de solicitar el acceso a los datos personales de aquella y, en su caso, su rectificación o supresión.

7. Las Administraciones Públicas incorporarán a los temarios de las pruebas de acceso a los cuerpos superiores y a aquellos en que habitualmente se desempeñen funciones que impliquen el acceso a datos personales materias relacionadas con la garantía de los derechos digitales y en particular:

a) El de protección de datos.
b) El de libertad de expresión.
c) El de protección de los menores.
d) El de seguridad de las comunicaciones.

8. Toda persona cuya identidad pueda determinarse, directa o indirectamente, en particular mediante un identificador, como por ejemplo un nombre, un número de identificación, datos de localización, un identificador en línea o uno o varios elementos propios de la identidad física, fisiológica, genética, psíquica, económica, cultural o social de dicha persona, se considerará persona física:

a) Identificable.
b) Fichada.
c) Legal.
d) Tratable.

9. Los datos personales serán tratados de tal manera que se garantice una seguridad adecuada de los mismos, incluida la protección contra el tratamiento no autorizado o ilícito y contra su pérdida, destrucción o daño accidental, mediante la aplicación de medidas técnicas u organizativas apropiadas; todo ello en virtud del principio de:

a) Responsabilidad proactiva.
b) Integridad y confidencialidad.
c) Limitación de la finalidad.
d) Licitud, lealtad y transparencia.

10. Conforme al principio de limitación de la finalidad, los datos personales serán recogidos con fines determinados, explícitos y:

a) Limitados.
b) Transparentes.
c) Compatibles.
d) Legítimos.

En tu Curso MAD360 tienes más **preguntas de este tema** y todos tus avances quedan registrados.

¡MAD360, todo lo que necesitas para conseguir tu plaza!

Solución al test n.º 7

1. b) Salvo resolución judicial.

2. d) Son hábiles, excluyéndose del cómputo los sábados, los domingos y los declarados festivos.

3. b) A la persona física o jurídica, autoridad pública, servicio u otro organismo al que se comuniquen datos personales, se trate o no de un tercero.

4. c) Autoridad de control.

5. a) Seudonimización.

6. d) Podrán dirigirse al responsable o encargado del tratamiento al objeto de solicitar el acceso a los datos personales de aquella y, en su caso, su rectificación o supresión.

7. a) El de protección de datos.

8. a) Identificable.

9. b) Integridad y confidencialidad.

10. d) Legítimos.

TEST N.º 8

La Ley 31/1995, de 8 de noviembre, de Prevención de Riesgos Laborales: capítulos I, II, III y V. Principales riesgos y medidas de prevención en las IISS. Ley Orgánica 1/2004, de 28 de diciembre, de Medidas de Protección Integral contra la Violencia de Género. Ley 11/2007, de 27 de julio, gallega para la prevención y el tratamiento integral de la violencia de género. Legislación sobre igualdad de mujeres y hombres: su aplicación en los distintos ámbitos de la función pública

1. Señala la respuesta incorrecta:

a) La Ley de Prevención de Riesgos Laborales se aplica a los operativos de Seguridad civil en casos de catástrofe.

b) La Ley de Prevención de Riesgos Laborales se aplica a las sociedades cooperativas.

c) En el ámbito de la relación laboral de carácter especial del servicio del hogar familiar, las personas trabajadoras tienen derecho a una protección eficaz en materia de seguridad y salud en el trabajo.

d) En los establecimientos penitenciarios, se adaptarán a la Ley de Prevención de Riesgos Laborales aquellas actividades cuyas características justifiquen una regulación especial.

2. ¿Cuál es la vigente Ley de Prevención de Riesgos Laborales?

a) Ley 32/1995, de 8 de noviembre.

b) Ley 30/1996, de 8 de noviembre.

c) Ley 31/1995, de 6 de noviembre.

d) Ley 31/1995, de 8 de noviembre

3. El órgano científico técnico especializado de la Administración General del Estado que tiene como misión el análisis y estudio de las condiciones de seguridad y salud en el trabajo, así como la promoción y apoyo a la mejora de las mismas, es:

a) El Instituto Nacional de Seguridad y Salud en el Trabajo.

b) La Comisión Nacional de Seguridad y Salud en el Trabajo.

c) El Instituto Carlos III.

d) El Centro Nacional de Promoción y Cuidados de la Salud.

4. La Presidencia de la Comisión Nacional de Seguridad y Salud en el Trabajo, corresponde a:

a) El titular del Ministerio competente en materia de Sanidad.
b) El titular del Ministerio competente en materia de Empleo.
c) El Secretario de Estado de Trabajo.
d) El Director del Instituto Nacional de Seguridad y Salud en el Trabajo.

5. ¿Qué se entiende por "riesgo laboral"?

a) La posibilidad de que un trabajador sufra un determinado daño derivado del trabajo.
b) La posibilidad de que un trabajador sufra una enfermedad en el trabajo.
c) La posibilidad de que un trabajador sufra acoso.
d) El riesgo que supone el ir a trabajar.

6. Según establece la Ley 31/1995 de Prevención de Riesgos Laborales, ¿a qué órgano le corresponde la función de vigilancia y control de la normativa de prevención de riesgos laborales?

a) Al Instituto Nacional de Seguridad y Salud en el Trabajo.
b) A la Inspección de Trabajo y Seguridad Social.
c) Al Servicio de Salud.
d) A la Comisión Nacional de Seguridad y Salud del Trabajo.

7. Según establece el art. 4 de la Ley 31/1995, de 8 de noviembre, de Prevención de Riesgos Laborales, se define como daños derivados del trabajo:

a) La posibilidad de que un trabajador sufra un determinado daño derivado del trabajo.
b) El que resulte probable racionalmente que se materialice en un futuro inmediato y pueda suponer y pueda suponer un daño grave para la salud de los trabajadores.
c) Las enfermedades, patologías o lesiones sufridas con motivo u ocasión del trabajo.
d) Cualquier máquina, aparato, instrumento o instalación utilizada en el trabajo.

8. Los instrumentos esenciales para la gestión y aplicación del Plan de prevención de riesgos laborales son:

a) La evaluación de riesgos y la planificación de la actividad preventiva.
b) La evaluación inicial de riesgos y la formación.
c) La planificación y la gestión de la actividad preventiva.
d) La identificación y la evaluación de los riesgos.

9. Las normas reglamentarias en materia de Prevención las dicta:

a) El Gobierno, a través de las correspondientes normas reglamentarias y previa consulta a las organizaciones sindicales y empresariales más representativas.
b) Los Delegados de Prevención.

c) Los Delegados de Prevención y el Empresario.

d) El Empresario.

10. La Comisión Nacional de Seguridad y Salud en el Trabajo, está compuesta por:

a) Representantes de las organizaciones sindicales y empresariales.

b) Un representante de cada una de las Comunidades Autónomas y representantes de las organizaciones sindicales y empresariales.

c) Representantes de la Administración y representantes de las organizaciones sindicales y empresariales.

d) Un representante de cada una de las Comunidades Autónomas y por igual número de miembros de la Administración General del Estado y, paritariamente con todos los anteriores, por representantes de las organizaciones empresariales y sindicales más representativas.

En tu Curso MAD360 tienes más **preguntas de este tema** y todos tus avances quedan registrados.

¡MAD360, todo lo que necesitas para conseguir tu plaza!

Solución al test n.º 8

1. a) La Ley de Prevención de Riesgos Laborales se aplica a los operativos de Seguridad civil en casos de catástrofe.

2. d) Ley 31/1995, de 8 de noviembre.

3. a) El Instituto Nacional de Seguridad y Salud en el Trabajo.

4. c) El Secretario de Estado de Trabajo.

5. a) La posibilidad de que un trabajador sufra un determinado daño derivado del trabajo.

6. b) A la Inspección de Trabajo y Seguridad Social.

7. c) Las enfermedades, patologías o lesiones sufridas con motivo u ocasión del trabajo.

8. a) La evaluación de riesgos y la planificación de la actividad preventiva.

9. a) El Gobierno, a través de las correspondientes normas reglamentarias y previa consulta a las organizaciones sindicales y empresariales más representativas.

10. d) Un representante de cada una de las Comunidades Autónomas y por igual número de miembros de la Administración General del Estado y, paritariamente con todos los anteriores, por representantes de las organizaciones empresariales y sindicales más representativas.

TEST

Ley 41/2002, de 14 de noviembre, básica reguladora de la autonomía del paciente y de derechos y deberes en materia de información y documentación clínica: los derechos de la información sanitaria y de la intimidad. La Ley 3/2001, de 28 de mayo, reguladora del consentimiento informado y de la historia clínica de los pacientes, modificada por la Ley 3/2005, de 7 de marzo: historia clínica

1. ¿Cuál es la Ley básica reguladora de la autonomía del paciente y de derechos y obligaciones en materia de información y documentación clínica?

a) La Ley 14/2001, de 14 de noviembre.
b) La Ley 41/2002, de 14 de noviembre.
c) La Ley 30/2010, de 9 de junio.
d) La Ley 33/2010, de 9 de junio.

2. ¿Qué capítulo de la Ley 41/2002, de 14 de noviembre, básica reguladora de la autonomía del paciente y de derechos y obligaciones en materia de información y documentación clínica, regula el respeto de la autonomía del paciente?

a) El Capítulo I.
b) El Capítulo IV.
c) El Capítulo V.
d) El Capítulo VI.

3. Los centros sanitarios tienen la obligación de conservar la documentación clínica y custodiar las historias clínicas bajo la responsabilidad de:

a) El Gerente del centro.
b) La dirección del centro.
c) El Ministerio de Sanidad.
d) El encargado del archivo del centro.

4. ¿Cómo denomina la Ley 41/2002, a la persona que utiliza los servicios sanitarios de educación y promoción de la salud, de prevención de enfermedades y de información sanitaria?

a) Paciente.
b) Cliente.
c) Asistido.
d) Usuario.

5. El personal que accede a los datos de la historia clínica en el ejercicio de sus funciones queda sujeto al deber de:

a) Confidencialidad.
b) Reserva.
c) Discreción
d) Secreto.

6. ¿Cómo se estructura la Ley básica reguladora de la autonomía del paciente y de derechos y obligaciones en materia de información y documentación clínica?

a) En 6 capítulos, 6 disposiciones adicionales, 1 disposición transitoria, 1 disposición derogatoria y 1 disposición final.
b) En 6 capítulos, 4 disposiciones adicionales, 1 disposición transitoria, 1 disposición derogatoria y 1 disposición final.
c) En 5 capítulos, 5 disposiciones adicionales, 1 disposición transitoria, 1 disposición derogatoria y 1 disposición final.
d) En 5 capítulos, 6 disposiciones adicionales, 1 disposición transitoria, 1 disposición derogatoria y 1 disposición final.

7. ¿Cómo se denomina el documento emitido por el médico responsable en un centro sanitario al finalizar cada proceso asistencial de un paciente, que especifica los datos de éste, un resumen de su historial clínico, la actividad asistencial prestada, el diagnóstico y las recomendaciones terapéuticas?

a) Informe médico.
b) Informe de evaluación final.
c) Informe de alta médica.
d) Informe médico final.

8. Señala la respuesta incorrecta respecto a los derechos de información sanitaria:

a) Se reconoce el derecho a conocer, con motivo de cualquier actuación en el ámbito de su salud, toda la información disponible sobre la misma, salvando los supuestos exceptuados por la Ley.
b) Todo paciente o usuario tiene derecho a negarse al tratamiento, excepto en los casos determinados en la Ley.

c) La información, como regla general se proporcionará por escrito, y debe comprender, como mínimo, la finalidad y la naturaleza de cada intervención, sus riesgos y sus consecuencias.

d) Además del médico también serán responsables de informar al paciente los profesionales que le atiendan durante el proceso asistencial o le apliquen una técnica o un procedimiento concreto.

9. ¿Puede limitarse el derecho a la información sanitaria de los pacientes?

a) No, en ningún caso.
b) Sí, por la existencia de un estado de alarma.
c) Sí, por la existencia acreditada de un estado de necesidad terapéutica.
d) Sí, cuando así lo determine expresamente un juez.

10. ¿Cómo se determina el documento donde se expresan los deseos del paciente?

a) Documento de últimas voluntades.
b) Documento de instrucciones previas.
c) Documento final.
d) Dossier de voluntades del paciente.

En tu Curso MAD360 tienes más **preguntas de este tema** y todos tus avances quedan registrados.

¡MAD360, todo lo que necesitas para conseguir tu plaza!

Solución al test n.º 1

1. b) La Ley 41/2002, de 14 de noviembre.

2. b) El Capítulo IV.

3. b) La dirección del centro.

4. d) Usuario.

5. d) Secreto.

6. a) En 6 capítulos, 6 disposiciones adicionales, 1 disposición transitoria, 1 disposición derogatoria y 1 disposición final.

7. c) Informe de alta médica.

8. c) La información, como regla general se proporcionará por escrito, y debe comprender, como mínimo, la finalidad y la naturaleza de cada intervención, sus riesgos y sus consecuencias.

9. c) Sí, por la existencia acreditada de un estado de necesidad terapéutica.

10. b) Documento de instrucciones previas.

Reglamento (UE) 2016/679, de 27 de abril, relativo a la protección de las personas físicas en lo que respecta a los tratamientos de los datos personales y la libre circulación de estos datos. Conceptos básicos de seguridad y privacidad de datos de carácter personal en el manejo de información y de los sistemas de información

1. ¿En virtud de qué principio previsto por el Reglamento General de Protección de Datos, los datos personales serán adecuados, pertinentes y limitados a lo necesario en relación con los fines para los que son tratados?

a) Principio de exactitud.
b) Principio de limitación de la finalidad.
c) Principio de responsabilidad proactiva.
d) Principio de minimización de datos.

2. Según el artículo 5 del Reglamento (UE) 2016/679, de 27 de abril, relativo a la protección de las personas físicas en lo que respecta al tratamiento de datos personales y a la libre circulación de estos datos, los datos personales serán tratados, en relación con el interesado, de manera lícita, leal y:

a) Fiable.
b) Segura.
c) Confidencial.
d) Transparente.

3. Según el Reglamento (UE) 2016/679, de 27 de abril, relativo a la protección de las personas físicas en lo que respecta al tratamiento de datos personales y a la libre circulación de estos datos, para poder considerar que el consentimiento del interesado para el tratamiento de sus datos personales es inequívoco:

a) Se requerirá declaración jurada del interesado donde manifieste su conformidad.
b) Se precisa contrato de cesión de datos personales.

c) Deberá existir una declaración del interesado o una acción positiva que manifieste su conformidad.

d) Bastará con el consentimiento por silencio, casillas ya marcadas o inacción.

4. Cuando los plazos se señalen por días en el RGPD o en la LO 3/2018, se entiende que estos:

a) Son naturales.

b) Son hábiles, de lunes a sábado; excluyéndose del cómputo los domingos y los declarados festivos.

c) Son naturales; excluyéndose del cómputo los declarados festivos.

d) Son hábiles, excluyéndose del cómputo los sábados, los domingos y los declarados festivos.

5. ¿Cómo denomina el RGPD el tratamiento de datos personales de manera tal que ya no puedan atribuirse a un interesado sin utilizar información adicional, siempre que dicha información adicional figure por separado y esté sujeta a medidas técnicas y organizativas destinadas a garantizar que los datos personales no se atribuyan a una persona física identificada o identificable?

a) Seudonimización.

b) Anonimización.

c) Generalización.

d) Encriptación.

6. El RGPD lo define como la persona física o jurídica, autoridad pública, servicio u otro organismo que trate datos personales por cuenta del responsable del tratamiento:

a) El Delegado.

b) El Encargado.

c) El Representante.

d) El Tratante.

7. Según el artículo 3 de la LO 3/2018, los requisitos y condiciones para acreditar la validez y vigencia de los mandatos e instrucciones de las personas fallecidas respecto al acceso a los datos personales de éstas por parte de las personas o instituciones que designaran expresamente, serán establecidos:

a) Por medio de una Directiva europea.

b) Por Ley estatal.

c) Por Ley autonómica.

d) Por Real Decreto.

8. El artículo 4 de la LO 3/2018 señala que, conforme al artículo 5.1.d) del Reglamento (UE) 2016/679, los datos serán exactos y, si fuere necesario:

a) Actualizados.
b) Aproximados.
c) Normalizados.
d) Digitalizados.

9. Conforme al artículo 5.1 de la LO 3/2018, estarán sujetas al deber de confidencialidad:

a) Únicamente los responsables del tratamiento.
b) Los responsables y encargados del tratamiento.
c) Los responsables y encargados del tratamiento de datos así como todas las personas que intervengan en cualquier fase de este.
d) Los responsables y encargados del tratamiento de datos así como todas las personas que intervengan en todas las fases de este.

10. Cuando se pretenda fundar el tratamiento de los datos en el consentimiento del afectado para una pluralidad de finalidades:

a) Será preciso que conste de manera específica e inequívoca que dicho consentimiento se otorga para todas ellas.
b) Será necesario demostrar que el afectado consintió expresamente e inequívocamente en alguna de las finalidades y, que el resto de finalidades están claramente relacionadas con aquella.
c) El responsable debe demostrar la adecuación de las distintas finalidades a un único objeto.
d) El consentimiento del afectado sólo puede afectar a una finalidad. Cada finalidad precisa un consentimiento propio e independiente.

En tu Curso MAD360 tienes más **preguntas de este tema** y todos tus avances quedan registrados.

¡MAD360, todo lo que necesitas para conseguir tu plaza!

Solución al test n.º 2

1. d) Principio de minimización de datos.

2. d) Transparente.

3. c) Deberá existir una declaración del interesado o una acción positiva que manifieste su conformidad.

4. d) Son hábiles, excluyéndose del cómputo los sábados, los domingos y los declarados festivos.

5. a) Seudonimización.

6. b) El Encargado.

7. d) Por Real Decreto.

8. a) Actualizados.

9. c) Los responsables y encargados del tratamiento de datos así como todas las personas que intervengan en cualquier fase de este.

10. a) Será preciso que conste de manera específica e inequívoca que dicho consentimiento se otorga para todas ellas.

Tarjeta sanitaria: características fundamentales, alcance y contenido

1. Señala la respuesta incorrecta. La tarjeta sanitaria individual:

a) Identifica y acredita al usuario para acceder a los servicios sanitarios de la Seguridad Social.
b) Posee un código de identificación personal único.
c) Es válida para todas las prestaciones de la Seguridad Social.
d) Atenderá a los criterios establecidos con carácter general en la Unión Europea.

2. Indica cuál es la normativa que regula la Tarjeta Sanitaria Individual:

a) Ley 14/1986, de 25 de abril.
b) Ley 41/2002, de 14 de noviembre.
c) Ley Orgánica 15/1999, de 13 de diciembre.
d) El Real Decreto 183/2004, de 30 de enero.

3. Los datos básicos que debe incluir el anverso de la Tarjeta Sanitaria Individual son los siguientes excepto uno, indica cuál:

a) Banda magnética con tres pistas.
b) Código de la administración sanitaria emisora.
c) Código de identificación personal asignado por la administración sanitaria emisora.
d) Nombre y apellidos del titular de la tarjeta.

4. ¿Dónde debe ir situada la imagen institucional de la administración sanitaria emisora de la Tarjeta Sanitaria Individual?

a) En el ángulo superior izquierdo del reverso.
b) En la franja superior a la derecha.

c) En la franja inferior central.
d) En el ángulo superior izquierdo del anverso.

5. El código de identificación personal del Sistema Nacional de Salud:

a) Dependerá de la atención sanitaria de cada momento.
b) Se realizará en el momento de inclusión de los datos relativos a los profesionales sanitarios correspondientes a cada paciente.
c) Será único a lo largo de la vida de cada persona.
d) Está regulado por la Ley 16/2003, de 28 de mayo.

6.Con objeto de garantizar la accesibilidad de las personas a la tarjeta sanitaria individual, en el ángulo inferior derecho de la tarjeta sanitaria se grabarán:

a) El nombre, apellidos y DNI del usuario.
b) Los caracteres de las iniciales TSI, en braille.
c) La imagen institucional de la entidad emisora.
d) El código de identificación personal asignado por la administración sanitaria que emite la tarjeta.

7. ¿Qué institución desarrollará una base de datos de la población protegida por el Sistema Nacional de Salud con el fin de proceder a la generación del código identificativo personal?

a) La Comunidad Autónoma correspondiente.
b) El Consejo Interterritorial del Sistema Nacional de Salud.
c) El Instituto Estatal de Salud.
d) El Instituto de Información Sanitaria.

8. En el anverso de la Tarjeta Sanitaria Individual figuran los siguientes datos:

a) Nombre y apellidos, domicilio y lugar de nacimiento del titular.
b) Nombre y apellidos y código de identificación personal único del Sistema Nacional de Salud (CIP-SNS).
c) Nombre y apellidos y documento nacional de identidad del titular.
d) Documento nacional de identidad y fecha de caducidad de la tarjeta.

9. Con carácter general, ¿cuál será el período de validez de la Tarjeta Sanitaria Europea?

a) Un año.
b) Hasta la fecha de caducidad indicada en la misma.
c) Tres años.
d) Cinco años.

10. La Tarjeta Sanitaria Europea es válida en el caso de:

a) Un desplazamiento en territorio europeo con finalidad de recibir tratamiento médico.
b) Traslado de residencia al territorio de otro Estado miembro.
c) Uso de toda la unidad familiar.
d) Recibir prestaciones sanitarias durante una estancia temporal en territorio del Espacio Económico Europeo.

En tu Curso MAD360 tienes más **preguntas de este tema** y todos tus avances quedan registrados.

¡MAD360, todo lo que necesitas para conseguir tu plaza!

Solución al test n.º 3

1. c) Es válida para todas las prestaciones de la Seguridad Social.

2. d) El Real Decreto 183/2004, de 30 de enero.

3. a) Banda magnética con tres pistas.

4. d) En el ángulo superior izquierdo del anverso.

5. c) Será único a lo largo de la vida de cada persona.

6. b) Los caracteres de las iniciales TSI, en braille.

7. d) El Instituto de Información Sanitaria.

8. b) Nombre y apellidos y código de identificación personal único del Sistema Nacional de Salud (CIP-SNS).

9. b) Hasta la fecha de caducidad indicada en la misma.

10. d) Recibir prestaciones sanitarias durante una estancia temporal en territorio del Espacio Económico Europeo.

TEST N.º 4

Régimen General de la Seguridad Social: campo de aplicación. Afiliación, cotización y recaudación. Acción protectora: contingencias protegibles y régimen general de prestaciones

1. Según el art. 16 del Real Decreto Legislativo 8/2015, de 30 de octubre, por el que se aprueba el texto refundido de la Ley General de la Seguridad Social, ¿cuál de las siguientes respuestas es correcta?

a) La afiliación de los trabajadores a la Seguridad Social, así como, los trámites determinados por las altas, bajas y variaciones que puedan producirse con posterioridad a la afiliación podrán ser realizados de oficio por los correspondientes organismos de la Administración de la Seguridad Social.

b) La afiliación de los trabajadores a la Seguridad Social, así como, los trámites determinados por las altas, bajas y variaciones de datos que puedan producirse con posterioridad a la afiliación podrán practicarse a petición de las personas y entidades obligadas a dichos actos, a instancia de los interesados o de oficio por la Administración de la Seguridad Social.

c) Los trabajadores, en el caso de que las personas y entidades a quienes incumban las obligaciones de solicitar la afiliación, altas, bajas y variaciones de datos a la Seguridad Social incumplieran las mismas, únicamente podrán solicitar el alta pero no podrán solicitar ni la afiliación ni la baja de la Seguridad Social.

d) Los trabajadores, en ningún caso, podrán instar la afiliación a la Seguridad Social.

2. Las cotizaciones por contingencias profesionales tienen por objeto la cobertura de los siguientes riesgos:

a) Accidente de trabajo o accidente no laboral.
b) Accidente de trabajo o enfermedad profesional.
c) Enfermedad profesional o enfermedad común.
d) Nacimiento y cuidado del menor.

3. Serán beneficiarios del auxilio por defunción:

a) Los familiares, con independencia de que hayan soportado los gastos del sepelio.
b) Amigos cercanos.

c) El Estado.
d) Quien haya soportado los gastos del sepelio.

4. Como cotizaciones que se recaudan conjuntamente con las cotizaciones por contingencias comunes y profesionales encontramos:

a) Cotización por desempleo.
b) Cotización por fondo de garantía salarial.
c) Seguro de invalidez.
d) Cotización por desempleo, FOGASA y Formación Profesional.

5. La obligación de cotizar nace:

a) Dentro de los 30 días siguientes al inicio de la actividad.
b) Desde el inicio la actividad.
c) Desde los 3 días antes del inicio de la actividad.
d) Ninguna es correcta.

6. El tipo de cotización aplicable la base de cotización por contingencias comunes es:

a) Del 28,3 % a cargo exclusivo del empresario.
b) El 23,60 % a cargo exclusivo del trabajador.
c) El 28,3 % siendo el 23,6 % a cargo del empresario y el 4,7 % a cargo del trabajador.
d) El 30 % a cargo del Estado.

7. El tipo de cotización establecido para el trabajador que haya realizado horas extraordinarias por fuerza mayor será:

a) Del 28,30 %.
b) Del 14 %, siendo el 12 % a cargo de la empresa y el 2 % a cargo del trabajador.
c) Del 28,30 %, siendo el 23,60 a cargo del empresario y el 4,70 a cargo del trabajador.
d) El 14 % exclusivo a cargo del empresario.

8. Las contingencias de accidentes de trabajo y enfermedad profesional se calculan aplicando:

a) El tipo de cotización previsto para las contingencias comunes.
b) Tipo de cotización para la contingencia de formación profesional.
c) Tarifa de primas.
d) Ninguna es correcta.

9. Las cotizaciones por contingencias profesionales correrán a cargo de:

a) Los trabajadores.
b) El empresario y los trabajadores.

c) Exclusivamente del empresario.

d) El empresario y las mutuas colaboradoras con la Seguridad Social.

10. ¿Quien estará comprendido en el campo de aplicación del sistema de la Seguridad Social a efectos de las prestaciones en su modalidad no contributiva?

a) Los apátridas y extranjeros.

b) Españoles residentes en territorio nacional y extranjeros que residan legalmente en territorio español en los termines previstos por la ley.

c) Españoles no residentes en España.

d) Todas son correctas.

En tu Curso MAD360 tienes más **preguntas de este tema** y todos tus avances quedan registrados.

¡MAD360, todo lo que necesitas para conseguir tu plaza!

Solución al test n.º 4

1. b) La afiliación de los trabajadores a la Seguridad Social, así como, los trámites determinados por las altas, bajas y variaciones de datos que puedan producirse con posterioridad a la afiliación podrán practicarse a petición de las personas y entidades obligadas a dichos actos, a instancia de los interesados o de oficio por la Administración de la Seguridad Social.

2. b) Accidente de trabajo o enfermedad profesional.

3. d) Quien haya soportado los gastos del sepelio.

4. d) Cotización por desempleo, FOGASA y Formación Profesional.

5. b) Desde el inicio la actividad.

6. c) El 28,3 % siendo el 23,6 % a cargo del empresario y el 4,7 % a cargo del trabajador.

7. b) Del 14 %, siendo el 12 % a cargo de la empresa y el 2 % a cargo del trabajador.

8. c) Tarifa de primas.

9. c) Exclusivamente del empresario.

10. b) Españoles residentes en territorio nacional y extranjeros que residan legalmente en territorio español en los termines previstos por la ley.

TEST N.º 5

Estructura presupuestaria. Pagos en firme y a justificar. La ordenación del gasto y del pago, órganos competentes, fases del procedimiento y documentos contables que intervienen. Ideas básicas y generales de contabilidad financiera y presupuestaria

1. De acuerdo con lo dispuesto en el artículo 53.1 del Estatuto de Autonomía de Galicia, corresponde al Parlamento:

a) El examen, enmienda, aprobación y control del presupuesto.
b) La elaboración, enmienda, aprobación y control del presupuesto.
c) La elaboración, enmienda, aprobación y aplicación del presupuesto.
d) El examen, elaboración, enmienda, aprobación, aplicación y control del presupuesto.

2. Indica cuál de las siguientes opciones no es correcta sobre los presupuestos generales de la Comunidad Autónoma:

a) Constituyen la expresión cifrada, conjunta y sistemática de las obligaciones que se prevén y los derechos que se reconozcan por parte de la Comunidad y de sus organismos autónomos durante el ejercicio presupuestario.
b) Constituyen la expresión cifrada, conjunta y sistemática de los objetivos que se pretendan conseguir con la utilización de los recursos financieros consignados en los mismos.
c) Constituyen la expresión cifrada, conjunta y sistemática de las estimaciones de los flujos financieros de las sociedades públicas.
d) Constituyen la expresión cifrada, conjunta y sistemática de la totalidad de los gastos e ingresos de los demás entes públicos.

3. La composición, organización y funciones del Tribunal de Cuentas se aprobará por:

a) Ley ordinaria.
b) Decreto Legislativo.

c) Ley Orgánica.
d) Real Decreto.

4. Dentro de la clasificación económica por ingresos, el Capítulo II corresponde a:

a) Impuestos directos.
b) Impuestos indirectos.
c) Tasas, precios públicos y otros ingresos.
d) Enajenación de inversiones reales.

5. Dentro de la clasificación económica por ingresos, el Capítulo III corresponde a:

a) Impuestos directos.
b) Impuestos indirectos.
c) Tasas, precios públicos y otros ingresos.
d) Enajenación de inversiones reales.

6. Dentro de la clasificación económica por ingresos, el Capítulo IV corresponde a:

a) Transferencias corrientes.
b) Impuestos indirectos.
c) Activos financieros.
d) Enajenación de inversiones reales.

7. Dentro de la clasificación económica por ingresos, el Capítulo V corresponde a:

a) Transferencias corrientes.
b) Ingresos patrimoniales.
c) Transferencias de capital.
d) Enajenación de inversiones reales.

8. Dentro de la clasificación económica por ingresos, el Capítulo VII corresponde a:

a) Transferencias corrientes.
b) Ingresos patrimoniales.
c) Transferencias de capital.
d) Enajenación de inversiones reales.

9. Dentro de la clasificación económica por ingresos, el Capítulo IX corresponde a:

a) Transferencias corrientes.
b) Activos Financieros.
c) Transferencias de capital.
d) Pasivos Financieros.

10. Dentro de la clasificación económica de gastos, el Capítulo III corresponde a:

a) Gastos de Personal.
b) Gastos en bienes corrientes y servicios.
c) Gastos financieros.
d) Transferencias Corrientes.

En tu Curso MAD360 tienes más **preguntas de este tema** y todos tus avances quedan registrados.

¡MAD360, todo lo que necesitas para conseguir tu plaza!

Solución al test n.º 5

1. a) El examen, enmienda, aprobación y control del presupuesto.

2. a) Constituyen la expresión cifrada, conjunta y sistemática de las obligaciones que se prevén y los derechos que se reconozcan por parte de la Comunidad y de sus organismos autónomos durante el ejercicio presupuestario.

3. c) Ley Orgánica.

4. b) Impuestos indirectos.

5. c) Tasas, precios públicos y otros ingresos.

6. a) Transferencias corrientes.

7. b) Ingresos patrimoniales.

8. c) Transferencias de capital.

9. d) Pasivos Financieros.

10. c) Gastos financieros.

Los contratos del sector público: legislación aplicable. Ámbito de aplicación. Los contratos del sector público. Configuración general de la contratación del sector público y elementos estructurales de los contratos

1. La duración de los contratos de arrendamiento de bienes muebles no podrá exceder, incluyendo las posibles prórrogas, de:

a) 3 años.
b) 4 años.
c) 5 años.
d) 7 años.

2. Se consideran contratos menores los contratos de suministro o de servicios de valor estimado inferior a:

a) 15.000 euros.
b) 20.000 euros.
c) 30.000 euros.
d) 40.000 euros.

3. ¿En qué tipo de contratos las facultades del responsable del contrato serán ejercidas por el director facultativo?

a) En los contratos de obras.
b) En los contratos mixtos.
c) En los contratos sujetos a una regulación armonizada.
d) En los contratos de concesiones de obra pública y de concesiones de servicios.

4. Sin perjuicio de que se permita el acceso a expedientes anteriores ante solicitudes de información, toda la información contenida en los perfiles de contratante se publicará en formatos abiertos y reutilizables, y permanecerá accesible al público durante un periodo de tiempo no inferior a:

a) 2 años.
b) 3 años.

c) 4 años.
d) 5 años.

5. Por regla general, el acceso a la información del perfil de contratante:

a) Será libre, no requiriendo identificación previa.
b) Estará restringido.
c) Será libre, previa identificación.
d) Precisará previa solicitud motivada de acceso.

6. Según el artículo 190 de la Ley 9/2017, el órgano de contratación ostenta, entre otras, la siguiente prerrogativa en relación a los contratos administrativos:

a) El derecho general del órgano de contratación a inspeccionar las instalaciones, oficinas y demás emplazamientos en los que el contratista desarrolle sus actividades.
b) La revisión periódica no predeterminada o no periódica de los precios de los contratos.
c) Suspender la ejecución del contrato.
d) La prórroga del contrato sin necesidad de preaviso.

7. Los contratos menores definidos en el artículo 118 de la Ley de Contratos del Sector Público no podrán tener una duración superior a:

a) Un año.
b) Tres años.
c) Cinco años.
d) Diez años.

8. ¿Cuáles de los siguientes contratos que celebren los poderes adjudicadores se perfeccionan de conformidad con la legislación por la que se rijan?

a) Los contratos basados en un acuerdo marco.
b) Los contratos menores.
c) Los contratos específicos en el marco de un sistema dinámico de adquisición.
d) Los contratos subvencionados sujetos a regulación armonizada.

9. ¿Cuál de las siguientes es una causa de anulabilidad del contrato?

a) El incumplimiento de las circunstancias y requisitos exigidos para la modificación de los contratos.
b) La falta de publicación del anuncio de licitación en el perfil de contratante alojado en la Plataforma de Contratación del Sector Público.
c) Haber llevado a efecto la formalización del contrato, en los casos en que se hubiese interpuesto el recurso especial en materia de contratación sin respetar la suspensión automática del acto recurrido en los casos en que fuera procedente.
d) La falta de capacidad de obrar o de solvencia económica, financiera, técnica o profesional.

10. Son susceptibles de recurso especial los contratos de servicios cuyo valor estimado sea superior a: *(a partir de)*

a) 100.000 euros.
b) 500.000 euros.
c) 1 millón de euros.
d) 3 millones de euros.

En tu Curso MAD360 tienes más **preguntas de este tema** y todos tus avances quedan registrados.

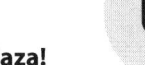

   ¡MAD360, todo lo que necesitas para conseguir tu plaza!

Solución al test n.º 6

1. c) 5 años.

2. a) 15.000 euros.

3. a) En los contratos de obras.

4. d) 5 años.

5. a) Será libre, no requiriendo identificación previa.

6. c) Suspender la ejecución del contrato.

7. a) Un año.

8. d) Los contratos subvencionados sujetos a regulación armonizada.

9. a) El incumplimiento de las circunstancias y requisitos exigidos para la modificación de los contratos.

10. a) 100.000 euros.

TEST N.º 7

Plantilla: concepto. Selección de personal estatutario temporal. Tipos de nombramiento. Confección de nóminas

1. Conforme al artículo 74 del Texto Refundido de la Ley del Estatuto Básico del Empleado Público, las Administraciones Públicas estructurarán su organización a través de relaciones de puestos de trabajo (RPT) u otros instrumentos organizativos similares que comprenderán, al menos, la denominación de los puestos, los grupos de clasificación profesional, los cuerpos o escalas, en su caso, a que estén adscritos, los sistemas de provisión y:

a) Las retribuciones básicas.
b) La unidad a la que se adscriben.
c) Las funciones a realizar.
d) Las retribuciones complementarias.

2. Según el artículo 114 de la Ley 8/2008, de 10 de julio, de Salud de Galicia, el instrumento técnico de ordenación del personal del Sistema Público de Salud de Galicia es:

a) La plantilla de personal.
b) El Presupuesto.
c) La relación de puestos de trabajo.
d) La oferta pública de empleo.

3. La totalidad de los puestos de trabajo de carácter estructural del Sistema Público de Salud de Galicia, con independencia de su régimen jurídico o retributivo, estarán consignados en la plantilla de personal, desglosados en el terreno de:

a) La antigüedad.
b) La categoría profesional.
c) La productividad.
d) La comarcalización.

4. ¿A qué órgano corresponde la gestión y modificación de las plantillas de personal del Sistema Público de Salud de Galicia?

a) Al Consejo de la Xunta.
b) A la Consellería de Sanidad.
c) Al Servicio Gallego de Salud.
d) A la Consellería de Presidencia, Administraciones Públicas y Justicia.

5. La plantilla de personal se compone, en cada una de sus líneas presupuestarias, de un código presupuestario, seguido de la definición del puesto o categoría profesional al que hace referencia. ¿A qué tipo de personal hace referencia la letra M?

a) Personal directivo.
b) Personal laboral.
c) Personal residente en formación.
d) Personal médico.

6. Conforme al artículo 9.1 del Estatuto Marco (en redacción dada por el Real Decreto-ley 12/2022, de 5 de julio, por el que se modifica la Ley 55/2003, de 16 de diciembre, del Estatuto Marco del personal estatutario de los servicios de salud) los nombramientos del Personal Estatutario Temporal de los Servicios de Salud serán:

a) Únicamente de Personal Estatutario Sanitario.
b) Personal Estatutario Contratado.
c) De interinidad.
d) Como Personal Laboral.

7. En el supuesto de existencia de plaza vacante, son estatutarios interinos los que, por razones expresamente justificadas de necesidad y urgencia, son nombrados como tales con carácter temporal para el desempeño de funciones propias de estatutarios, cuando no sea posible su cobertura por personal estatutario fijo, durante un plazo máximo de:

a) Dos años.
b) Tres años.
c) Cuatros años.
d) Seis años.

8. La comisión central de seguimiento del Pacto sobre selección de personal estatutario temporal del Sistema público de salud de Galicia, se reunirá, con carácter ordinario:

a) Una vez al mes.
b) Una vez cada dos meses.
c) Una vez al trimestre.
d) Una vez al semestre.

9. Las comisiones de seguimiento del Pacto sobre selección de personal estatutario temporal del Sistema público de salud de Galicia, se reunirán con carácter extraordinario cuantas veces sean convocadas por la presidencia o después de la propuesta de, al menos:

a) La mitad de sus integrantes.
b) La tercera parte de sus integrantes.
c) La cuarta parte de sus integrantes.
d) La quinta parte de sus integrantes.

10. Para poder inscribirse en las listas que se elaboren en aplicación del Pacto sobre selección de personal estatutario temporal del Sistema público de salud de Galicia, se requiere que las personas interesadas no hayan sido separadas del servicio, mediante expediente disciplinario, de cualquier servicio de salud o Administración pública, en al menos:

a) Los 3 años anteriores.
b) Los 4 años anteriores.
c) Los 5 años anteriores.
d) Los 6 años anteriores.

En tu Curso MAD360 tienes más **preguntas de este tema** y todos tus avances quedan registrados.

¡MAD360, todo lo que necesitas para conseguir tu plaza!

Solución al test n.º 7

1. d) Las retribuciones complementarias.

2. a) La plantilla de personal.

3. b) La categoría profesional.

4. b) A la Consellería de Sanidad.

5. c) Personal residente en formación.

6. c) De interinidad.

7. b) Tres años.

8. c) Una vez al trimestre.

9. b) La tercera parte de sus integrantes.

10. d) Los 6 años anteriores.

El acto administrativo: concepto y clases. La motivación y la forma. El silencio administrativo y los actos presuntos. Eficacia del acto administrativo. La notificación y la publicación. Invalidez de los actos: actos nulos y anulables. La Administración electrónica

1. Serán motivados, con sucinta referencia de hechos y fundamentos de derecho:

a) Los actos que se separen del criterio seguido en actuaciones precedentes o del dictamen de órganos consultivos.
b) Los actos que limiten derechos subjetivos o intereses legítimos
c) Los actos que resuelvan procedimientos de revisión de oficio de disposiciones o actos administrativos, recursos administrativos y procedimientos de arbitraje y los que declaren su inadmisión.
d) Todas las respuestas son correctas.

2. ¿Cuándo se hará la notificación por medio de un anuncio publicado en el Boletín Oficial del Estado?

a) Cuando se ignore el lugar de la notificación.
b) Cuando los interesados en un procedimiento sean conocidos.
c) Cuando intentada la notificación no se hubiera podido practicar.
d) Las respuestas a) y c) son correctas.

3. El contenido de un acto administrativo ha de ser:

a) Ilícito y determinado.
b) Posible y lícito.
c) Determinado o determinable e ilícito.
d) Imposible y lícito.

4. Los actos deben motivarse:

a) Siempre.
b) Nunca.

c) Cuando decidan un procedimiento.
d) Cuando la ley lo prescriba.

5. No tienen por qué motivarse los actos que:

a) Resuelvan recursos.
b) Limiten derechos subjetivos.
c) Se separen del dictamen de órganos consultivos.
d) Todos los anteriores deben motivarse.

6. En la notificación de todo acto administrativo no es necesario que conste siempre:

a) Su texto íntegro.
b) Los recursos que contra el mismo procedan.
c) Los motivos en que se basa la decisión.
d) El plazo de interposición de los recursos.

7. Para que un acto tenga eficacia retroactiva es necesario que:

a) Limite derechos de los particulares.
b) Restrinja el ejercicio de facultades de los particulares.
c) Imponga deberes u obligaciones.
d) No se lesionen derechos de otras personas.

8. Cuando la notificación se practique en el domicilio del interesado, de no hallarse presente, podrá hacerse cargo de la misma cualquier persona que se encuentre en el domicilio, haga constar su identidad y sea:

a) Mayor de catorce años.
b) Mayor de dieciséis años.
c) Mayor de dieciocho años.
d) Mayor de veintiún años.

9. Cuando la notificación por medios electrónicos sea de carácter obligatorio, se entenderá rechazada cuando:

a) Hayan transcurrido veinte días naturales desde la puesta a disposición de la notificación sin que se acceda a su contenido.
b) Hayan transcurrido diez días naturales desde la puesta a disposición de la notificación sin que se acceda a su contenido.
c) Hayan transcurrido diez días hábiles desde la puesta a disposición de la notificación sin que se acceda a su contenido.
d) Hayan transcurrido veinte días hábiles desde la puesta a disposición de la notificación sin que se acceda a su contenido.

10. Señala la respuesta incorrecta. Los actos administrativos serán objeto de publicación:

a) Cuando así lo establezcan las normas reguladoras de cada procedimiento.
b) Cuando lo aconsejen razones de interés público apreciadas por el órgano competente.
c) Cuando el acto tenga por destinatario a una pluralidad indeterminada de personas.
d) Siempre.

En tu Curso MAD360 tienes más **preguntas de este tema** y todos tus avances quedan registrados.

¡MAD360, todo lo que necesitas para conseguir tu plaza!

Solución al test n.º 8

1. d) Todas las respuestas son correctas.

2. d) Las respuestas a) y c) son correctas.

3. b) Posible y lícito.

4. d) Cuando la ley lo prescriba.

5. d) Todos los anteriores deben motivarse.

6. c) Los motivos en que se basa la decisión.

7. d) No se lesionen derechos de otras personas.

8. a) Mayor de catorce años.

9. b) Hayan transcurrido diez días naturales desde la puesta a disposición de la notificación sin que se acceda a su contenido.

10. d) Siempre.

El procedimiento administrativo: iniciación, ordenación, instrucción y terminación. Revisión de los actos en vía administrativa. Los recursos administrativos: concepto y clases. El recurso contencioso-administrativo. Responsabilidad de las Administraciones Públicas

1. A tenor del artículo 103 de la CE, la Administración Pública sirve con objetividad los intereses generales y actúa de acuerdo con los principios de:

a) Eficacia, igualdad, seguridad y transparencia jurídica.
b) Eficacia, jerarquía, descentralización, desconcentración y coordinación.
c) Eficacia, eficiencia, economía en el gasto y publicidad.
d) Eficiencia, transparencia, legalidad y jerarquía normativa.

2. ¿Cómo se denominan los procedimientos que tienden a la realización material de una decisión anterior ya definitiva, como, por ejemplo, el procedimiento de apremio?

a) Procedimientos ejecutivos.
b) Procedimientos declarativos.
c) Procedimientos de simple gestión.
d) Procedimientos de materialización o sustanciación.

3. ¿Cuándo podrán los administrados conocer el estado de la tramitación de los procedimientos en los que tengan la condición de interesados?

a) Solo en la fase de instrucción.
b) Únicamente en la fase de alegaciones.
c) Tan solo en la fase de prueba.
d) En cualquier momento.

4. Señala qué recurso cabe contra el acuerdo de acumulación de procedimientos administrativos:

a) Recurso de alzada.
b) Recurso extraordinario de revisión.
c) Recurso de reposición, en el plazo de un mes.
d) Ningún recurso.

5. ¿Cuándo se iniciarán de oficio los procedimientos?

a) Por denuncia.
b) Por acuerdo del órgano competente.
c) Por propia iniciativa.
d) Todas las respuestas son correctas.

6. Señala la respuesta incorrecta respecto al inicio del procedimiento por denuncia:

a) Las denuncias deberán expresar la identidad de la persona o personas que las presentan y el relato de los hechos que se ponen en conocimiento de la Administración.

b) La presentación de una denuncia confiere, por sí sola, la condición de interesado en el procedimiento.

c) Cuando la denuncia invocara un perjuicio en el patrimonio de las Administraciones Públicas la no iniciación del procedimiento deberá ser motivada y se notificará a los denunciantes la decisión de si se ha iniciado o no el procedimiento.

d) Se entiende por denuncia el acto por el que cualquier persona, en cumplimiento o no de una obligación legal, pone en conocimiento de un órgano administrativo la existencia de un determinado hecho que pudiera justificar la iniciación de oficio de un procedimiento administrativo.

7. ¿En qué caso se podrá imponer una sanción sin que se haya tramitado el oportuno procedimiento?

a) En casos de urgente necesidad.
b) En situaciones excepcionales, como por ejemplo, situaciones de crisis sanitarias o epidemias.
c) Las respuestas a) y b) son correctas.
d) En ningún caso.

8. ¿Cuál de los siguientes datos no es necesario que figure en las solicitudes de iniciación del procedimiento por parte de los interesados?

a) Número de teléfono.
b) Hechos, razones y petición en que se concrete, con toda claridad, la solicitud.

c) Órgano, centro o unidad administrativa a la que se dirige y su correspondiente código de identificación.

d) Firma del solicitante o acreditación de la autenticidad de su voluntad expresada por cualquier medio.

9. Los documentos que los interesados dirijan a los órganos de las Administraciones Públicas podrán presentarse:

a) En las oficinas de Correos, en la forma que reglamentariamente se establezca.

b) En el registro electrónico de la Administración u Organismo al que se dirijan.

c) En las representaciones diplomáticas u oficinas consulares de España en el extranjero.

d) Todas las respuestas son correctas.

10. Los interesados solo podrán solicitar el inicio de un procedimiento de responsabilidad patrimonial, cuando no haya prescrito su derecho a reclamar. El derecho a reclamar prescribirá:

a) Al año de producido el hecho o el acto que motive la indemnización o se manifieste su efecto lesivo.

b) A los dos años de producido el hecho o el acto que motive la indemnización o se manifieste su efecto lesivo.

c) A los cinco años de producido el hecho o el acto que motive la indemnización o se manifieste su efecto lesivo.

d) Este derecho no prescribe.

En tu Curso MAD360 tienes más **preguntas de este tema** y todos tus avances quedan registrados.

¡MAD360, todo lo que necesitas para conseguir tu plaza!

Solución al test n.º 9

1. b) Eficacia, jerarquía, descentralización, desconcentración y coordinación.

2. a) Procedimientos ejecutivos.

3. d) En cualquier momento.

4. d) Ninguno de los recursos anteriores.

5. d) Todas las respuestas son correctas.

6. b) La presentación de una denuncia confiere, por sí sola, la condición de interesado en el procedimiento.

7. d) En ningún caso.

8. a) Número de teléfono.

9. d) Todas las respuestas son correctas.

10. a) Al año de producido el hecho o el acto que motive la indemnización o se manifieste su efecto lesivo.

TEST N.º 10

Funcionamiento de las instituciones sanitarias. Servicio de documentación clínica hospitalaria. Servicio de Admisión. Servicio de Atención al Paciente

1. ¿Cuál es el objetivo principal del Servicio de Admisión y Documentación Clínica (SADC)?

a) Atender directamente a los pacientes en consultas externas.
b) Facilitar el acceso de la población a los recursos disponibles garantizando equidad y eficiencia.
c) Realizar diagnósticos médicos de los pacientes hospitalizados.
d) Sustituir las funciones administrativas de los servicios clínicos.

2. La historia clínica se define como:

a) Un registro administrativo de ingresos y altas hospitalarias.
b) El archivo de datos financieros relacionados con la asistencia sanitaria.
c) Un listado de pruebas complementarias realizadas en urgencias.
d) El conjunto de documentos que contienen información sobre la situación y evolución clínica de un paciente.

3. ¿Qué funciones integran el área de gestión de pacientes dentro del SADC?

a) Archivo de historias clínicas y documentación.
b) Registro de quirófanos y codificación clínica.
c) Admisión de hospitalización, urgencias y asistencia ambulatoria.
d) Coordinación con atención primaria.

4. Según el RD 866/2001, una de las funciones básicas de los SADC es:

a) Elaborar diagnósticos clínicos para el alta del paciente.
b) Organizar los circuitos administrativos de los procesos asistenciales.
c) Ejecutar tratamientos farmacológicos.
d) Sustituir la labor de los médicos especialistas.

5. Una de las funciones del área de hospitalización en el SADC es:

a) Selección del personal sanitario que atenderá al paciente.
b) Asignación de unidad de enfermería y cama según criterios clínicos.
c) Determinar el tratamiento médico que debe recibir el paciente.
d) Elaborar los protocolos de cirugía mayor ambulatoria.

6. El SADC, en relación con la actividad quirúrgica, debe:

a) Mantener actualizado el registro de pacientes pendientes de cirugía no urgente.
b) Realizar el diagnóstico definitivo del paciente antes de la cirugía.
c) Determinar qué anestesia será utilizada en cada intervención.
d) Ejecutar directamente la preparación preoperatoria del paciente.

7. La coordinación y evaluación del proceso asistencial en hospitalización tiene como objetivo:

a) Determinar los medicamentos que debe recibir cada paciente.
b) Mantener la cohesión de la organización sanitaria y favorecer el uso eficiente de los recursos.
c) Evitar la entrada de pacientes con enfermedades infecciosas.
d) Centralizar únicamente la facturación hospitalaria.

8. ¿Qué caracteriza a los Servicios de Admisión y Documentación Clínica (SADC) en todas las comunidades autónomas?

a) Que siempre dependen exclusivamente del área de urgencias.
b) Que son gestionados por personal administrativo no sanitario.
c) Que tienen carácter multidisciplinar y están dirigidos por médicos de admisión y documentación clínica.
d) Que se centran únicamente en hospitalización.

9. Es una actividad propia del Servicio de atención al paciente del hospital:

a) La cumplimentación de Partes por lesiones al Juzgado de Guardia.
b) La emisión de listados diarios de ingresos y altas.
c) La conservación de los fondos del Archivo.
d) La investigación de las quejas y reclamaciones.

10. Una de las funciones del SADC en relación con los traslados es:

a) Coordinarse con otras instituciones sanitarias para la autorización y tramitación de traslados.

b) Decidir qué pacientes requieren transporte privado.

c) Trasladar físicamente a los pacientes entre centros.

d) Sustituir al servicio de ambulancias en la asistencia.

En tu Curso MAD360 tienes más **preguntas de este tema** y todos tus avances quedan registrados.

¡MAD360, todo lo que necesitas para conseguir tu plaza!

Solución al test n.º 10

1. b) Facilitar el acceso de la población a los recursos disponibles garantizando equidad y eficiencia.

2. d) El conjunto de documentos que contienen información sobre la situación y evolución clínica de un paciente.

3. c) Admisión de hospitalización, urgencias y asistencia ambulatoria.

4. b) Organizar los circuitos administrativos de los procesos asistenciales.

5. b) Asignación de unidad de enfermería y cama según criterios clínicos.

6. a) Mantener actualizado el registro de pacientes pendientes de cirugía no urgente.

7. b) Mantener la cohesión de la organización sanitaria y favorecer el uso eficiente de los recursos.

8. c) Que tienen carácter multidisciplinar y están dirigidos por médicos de admisión y documentación clínica.

9. d) La investigación de las quejas y reclamaciones.

10. a) Coordinarse con otras instituciones sanitarias para la autorización y tramitación de traslados.

Los suministros. Suministros internos y externos. Recepción y almacenamiento de mercancías. Organización del almacén. Distribución de pedidos

1. ¿Qué tipo de clasificación ordena los artículos en clases "A", "B" y "C"?

a) Ley 70-30.
b) La clasificación ADR.
c) El método LIFO.
d) La clasificación de Pareto.

2. Normalmente el inventario tradicional, es decir, aquel que consiste en el recuento de los artículos del almacén, para lo cual este debe estar cerrado y todas las operaciones de entrada y salida de artículos debidamente interrumpidas, se realiza:

a) Una vez al año, generalmente al principio del año natural.
b) Una vez al año, generalmente al final del año natural.
c) Dos veces al año, generalmente al principio y a mediados del año natural.
d) Una vez por trimestre.

3. ¿Cómo se denomina el criterio de valoración de mercancías que considera que las unidades que salen del almacén son las más antiguas, según el criterio de renovación de artículos "primero en entrar, primero en salir"?

a) Pareto.
b) FIFO.
c) LIFO.
d) "ABC".

4. El criterio de ordenación de la mercancía en un almacén que hace referencia a la idea de que los artículos solicitados, con frecuencia juntos, deberán ubicarse cercanos entre sí se denomina:

a) Compatibilidad.
b) Frecuencia.
c) Complementariedad.
d) Popularidad

5. ¿Cuál es el primer paso en el proceso de adquisición de los suministros?

a) La planificación de adquisiciones.
b) La petición de material.
c) La previsión de aprovisionamientos.
d) El procedimiento administrativo de contratación.

6. ¿Cuál es la tarea intermedia, entre la previsión de aprovisionamientos y el procedimiento administrativo de contratación?

a) La planificación de adquisiciones.
b) La petición de material.
c) La recepción/revisión de mercancías.
d) La gestión de stock.

7. Según la clasificación de Pareto, ¿qué artículos serán los que se consumen menos y, como es lógico, tendrán una sustitución o rotación más lenta y se almacenarán en los lugares menos accesibles del almacén?

a) Los de clase "A".
b) Los de clase "B".
c) Los de clase "C".
d) Tanto los de clase "B" como los de clase "C".

8. ¿Cuál es la primera tarea que ha de llevar a cabo la Unidad de Suministros nada más recibir un pedido?

a) Emitir un dictamen de lo recepcionado.
b) Realizar un cuenteo del material.
c) Notificar la recepción a la unidad administrativa correspondiente.
d) Registrarlo.

9. ¿Cuál, seguramente, es la labor más importante de todo el sistema de suministro, ya que el buen o mal funcionamiento de la misma significará o no la disponibilidad de un stock físico fiable y de los controles que lo garanticen?

a) La recepción/revisión de mercancías.
b) El reaprovisionamiento.

c) La gestión de stock.

d) El mapa de almacén.

10. Como finalidad el almacén tiene que:

a) Garantizar el funcionamiento del mismo.

b) Garantizar el aprovisionamiento del mismo.

c) Garantizar el aprovisionamiento a las distintas unidades y servicios en todo momento y a un coste razonable.

d) Garantizar una buena organización del servicio, mediante la distribución de pedidos.

En tu Curso MAD360 tienes más **preguntas de este tema** y todos tus avances quedan registrados.

¡MAD360, todo lo que necesitas para conseguir tu plaza!

Solución al test n.º 11

1. d) La clasificación de Pareto.

2. b) Una vez al año, generalmente al final del año natural.

3. b) FIFO.

4. c) Complementariedad.

5. c) La previsión de aprovisionamientos.

6. a) La planificación de adquisiciones.

7. c) Los de clase "C".

8. d) Registrarlo.

9. c) La gestión de stock.

10. c) Garantizar el aprovisionamiento a las distintas unidades y servicios en todo momento y a un coste razonable.

La comunicación humana. El lenguaje como medio de comunicación. Diferencia entre información y comunicación. Tipos de comunicación. Atención al público: acogida e información al/a la usuario/a

1. La comunicación humana:

a) Hizo que el hombre diera el salto de irracional a racional.
b) Hizo que entablara relación con sus semejantes.
c) Hizo que fuera el artista prodigioso de las cuevas rupestres.
d) Hizo que inventara el fuego.

2. Un código:

a) No es necesario para la comunicación.
b) Si es aconsejable su uso para comunicar algo.
c) Es absolutamente necesario para entenderse.
d) Su necesidad depende de la cultura del hablante.

3. El código verbal:

a) Es el único existente en el proceso de la comunicación humana.
b) Coexiste con otros existentes en la sociedad.
c) Por ser el más usado, es el menos importante de los que usa el ser humano.
d) Es similar al de todas las artes.

4. El lenguaje, en sentido estricto, es:

a) El mímico.
b) El iconográfico.
c) El vocal.
d) El cuneiforme.

5. El lenguaje humano es una institución porque:

a) Tiene órganos propios.
b) Nace de la sociedad y en la vida social.

c) Es un sistema de signos de los que el hombre se vale para transmitir pensamientos.
d) Queda establecido por las primeras leyes de la sociedad.

6. Pensamiento y lenguaje son dos realidades:

a) Que se oponen entre sí.
b) Que no se diferencian en nada.
c) Distintas, pero inseparables.
d) No son dos: es solo una realidad.

7. El emisor, dentro del proceso de comunicación, es:

a) El que descodifica el mensaje.
b) El objeto de que se habla.
c) El que reduce el pensamiento a palabra.
d) El que transporta el mensaje.

8. El diálogo es:

a) Una forma cualquiera de comunicación.
b) La forma de comunicación más completa y natural.
c) Hablar en un encuentro deportivo.
d) Hablar a solas, con un amigo.

9. La situación en el diálogo:

a) Comprende lo meramente lingüístico.
b) Exclusivamente es el lugar donde se habla.
c) Abarca las circunstancias extralingüísticas que se dan en él.
d) Es extraña en los días que corren.

10. El ruido en la comunicación indica:

a) El ruido de la calle y del ambiente.
b) Lo que impide de cualquier forma una comunicación correcta.
c) Los altavoces de vendedores ambulantes.
d) La interferencia de los electrodomésticos.

En tu Curso MAD360 tienes más **preguntas de este tema** y todos tus avances quedan registrados.

¡MAD360, todo lo que necesitas para conseguir tu plaza!

Solución al test n.º 12

1. b) Hizo que entablara relación con sus semejantes.

2. c) Es absolutamente necesario para entenderse.

3. b) Coexiste con otros existentes en la sociedad.

4. c) El vocal.

5. b) Nace de la sociedad y en la vida social.

6. c) Distintas, pero inseparables.

7. c) El que reduce el pensamiento a palabra.

8. b) La forma de comunicación más completa y natural.

9. c) Abarca las circunstancias extralingüísticas que se dan en él.

10. b) Lo que impide de cualquier forma una comunicación correcta.

Clasificación y archivo de documentos. Ideas generales sobre el sistema de clasificación. Documentación de uso de las instituciones sanitarias: administrativa y clínica. Archivo de documentos: naturaleza y clases de archivos. Derecho de acceso a archivos y registros. El archivo y registro electrónico

1. El artículo 26.2 de la Ley 39/2015 (LPACAP), exige para ser válidos "contener información de cualquier naturaleza en un soporte electrónico según un formato determinado y susceptible de identificación y tratamiento diferenciado", a:

a) Las notificaciones administrativas.
b) Las comunicaciones electrónicas.
c) Los documentos electrónicos.
d) Los certificados electrónicos.

2. En relación a los documentos electrónicos administrativos, no es cierto que:

a) Para ser considerados válidos, los documentos electrónicos administrativos deberán disponer de los datos de identificación que permitan su individualización, sin perjuicio de su posible incorporación a un expediente electrónico.
b) A menos que su naturaleza exija otra forma más adecuada de expresión y constancia, las Administraciones Públicas emitirán los documentos administrativos por escrito, a través de medios electrónicos.
c) Los documentos electrónicos emitidos por las Administraciones Públicas que se publiquen con carácter meramente informativo requieren firma electrónica para ser considerados documentos administrativos.
d) Cualquier documento electrónico emitido por una Administración Pública requerirá que se identifique su origen aunque no forme parte de un expediente administrativo.

3. No requieren de firma electrónica:

a) Los documentos electrónicos enviados por email.
b) Los documentos electrónicos que se publiquen con carácter meramente informativo.

c) Los documentos electrónicos que formen parte de un expediente administrativo.
d) Los documentos electrónicos en general.

4. El documento de archivo es:

a) Un ejemplar idéntico a otros como él.
b) Producto de una edición.
c) Único e irrepetible.
d) Copia exacta de un original.

5. Como manifestación o resultado de una actividad concreta, los documentos archivísticos similares forman:

a) Un registro.
b) Una serie.
c) Un archivo.
d) Un expediente.

6. ¿En qué edad el documento tiene pleno valor primario?

a) Edad histórica.
b) Edad intermedia.
c) Edad administrativa.
d) Edad archivística.

7. La etapa prearchivística de los documentos tiene una duración aproximada de:

a) Un año.
b) 5 años.
c) 25 años.
d) 50 años.

8. El archivo de gestión se relaciona con la edad:

a) Administrativa.
b) Histórica.
c) Archivística.
d) Intermedia.

9. ¿En qué edad del documento predomina claramente el valor secundario?

a) Edad administrativa.
b) Edad intermedia.
c) Edad histórica.
d) Edad prehistórica.

10. Se entiende por documentos públicos administrativos:

a) Las notificaciones y resoluciones de un procedimiento administrativo.
b) Los enviados formalmente a una Administración Pública.
c) Los comunicados de los órganos oficiales.
d) Los válidamente emitidos por las Administraciones Públicas.

En tu Curso MAD360 tienes más **preguntas de este tema** y todos tus avances quedan registrados.

   ¡MAD360, todo lo que necesitas para conseguir tu plaza!

Solución al test n.º 13

1. c) Los documentos electrónicos.

2. c) Los documentos electrónicos emitidos por las Administraciones Públicas que se publiquen con carácter meramente informativo requieren firma electrónica para ser considerados documentos administrativos.

3. b) Los documentos electrónicos que se publiquen con carácter meramente informativo.

4. c) Único e irrepetible.

5. b) Una serie.

6. c) Edad administrativa.

7. b) 5 años.

8. a) Administrativa.

9. c) Edad histórica.

10. d) Los válidamente emitidos por las Administraciones Públicas.

TEST N.º 14

Informática: el ordenador; dispositivos centrales y periféricos; redes informáticas; el microprocesador; soportes informáticos

1. ¿Qué número decimal es el 111 en base 2?

a) 4.
b) 6.
c) 7.
d) 8.

2. ¿En qué estructura conviven las instrucciones y los datos en la misma estructura física?

a) Hardvard.
b) Von Neumann.
c) Multiprocesador.
d) Multiusuario.

3. ¿Qué parte del ordenador realiza las operaciones matemáticas?

a) La unidad de control.
b) El acumulador.
c) El contador de programa.
d) La ALU.

4. ¿Qué sistema de comunicación entre la unidad de E/S y la CPU es el más rápido?

a) Polling.
b) Interrupciones.
c) DMA.
d) Ninguno de los anteriores.

5. ¿Dónde almacenaría la información personal de forma permanente?

a) En la memoria RAM.
b) En la memoria caché, que es más rápida que la RAM.

c) En un disco duro, porque se puede almacenar de forma permanente.
d) En los registros de la CPU, que son los más rápidos.

6. Cada una de las divisiones de una pista en un disco duro es:

a) Un cilindro.
b) Un sector.
c) Un cluster.
d) Un registro.

7. ¿Qué tipo de CD debes elegir si deseas regrabar los datos varias veces?

a) CD-ROM.
b) CD-R.
c) CD-RW.
d) CD-DA.

8. ¿Qué tipo software controla el hardware?

a) Un lenguaje de programación de bajo nivel.
b) Un lenguaje de programación de alto nivel.
c) Un programa de aplicación.
d) Un sistema operativo.

9. ¿Qué dispositivo sirve para comunicar dos redes distintas?

a) Rúter.
b) Switch.
c) Hub.
d) Bridge.

10. Si escucha un tono largo al arrancar el ordenador, ¿qué puede estar pasando?

a) No hay alimentación.
b) El altavoz está roto.
c) No está instalado el módulo de memoria.
d) Fallo del teclado.

En tu Curso MAD360 tienes más **preguntas de este tema** y todos tus avances quedan registrados.

¡MAD360, todo lo que necesitas para conseguir tu plaza!

Solución al test n.º 14

1. c) 7.

2. b) Von Neumann.

3. d) La ALU.

4. c) DMA.

5. c) En un disco duro porque se puede almacenar de forma permanente.

6. b) Un sector.

7. c) CD-RW.

8. d) Un sistema operativo.

9. a) Rúter.

10. c) No está instalado el módulo de memoria.

TEST N.º 15

**Sistemas operativos más frecuentes. Sus elementos comunes.
Administrador de archivos. Administrador de impresión. Impresoras**

1. ¿Cuál de las siguientes funciones no corresponde al sistema operativo?

a) Gestión de la CPU.
b) Gestión de la memoria principal.
c) Se almacenan los datos personales del usuario.
d) Gestión de la entrada/salida.

2. ¿Cuál de los siguientes sistemas operativos tiene un interfaz sólo de líneas de comandos?

a) Windows.
b) Linux.
c) Ubuntu.
d) Ms-Dos.

3. ¿Cuál de los siguientes sistemas operativos sustituye al MS-Dos?

a) Ubuntu.
b) Windows.
c) Linux.
d) Android.

4. El sistema operativo de los ordenadores MAC se denomina…

a) Ubuntu.
b) Kubuntu.
c) OS X.
d) Lubuntu.

5. ¿Qué versión de Windows da soporte a los ordenadores de 64 bits?

a) Windows Vista.
b) Windows XP.

c) Windows 98.

d) Ninguno de las anteriores son correctas.

6. ¿Cuál es la primera versión de Windows que permite extraer dispositivos externos sin tener que reiniciar el ordenador?

a) Windows Vista.

b) Windows 7.

c) Windows 98.

d) Windows XP.

7. Para abrir la línea de comando de Windows, ¿qué comando hay que escribir en el menú de inicio?

a) Comando.

b) Cmd.

c) Cdm.

d) Commmand.

8. ¿Cuál de las siguientes características no es propia del sistema operativo Linux es?

a) Propietario.

b) Se puede distribuir libremente.

c) Se puede modificar libremente.

d) Se puede utilizar sin tenerlo instalado en el ordenador a través de un DVD con distribución Live.

9. ¿Cuál de las siguientes distribuciones no es de Linux?

a) Ubuntu.

b) Kubuntu.

c) Debían.

d) Rubuntu.

10. En Linux, ¿cómo se denomina al usuario que tiene todos los permisos del equipo?

a) Administrador.

b) Usuario primario.

c) Root.

d) Ninguno de los anteriores es correcto.

En tu Curso MAD360 tienes más **preguntas de este tema** y todos tus avances quedan registrados.

¡MAD360, todo lo que necesitas para conseguir tu plaza!

Solución al test n.º 15

1. c) Se almacenan los datos personales del usuario.

2. d) Ms-Dos.

3. b) Windows.

4. c) OS X.

5. a) Windows Vista.

6. d) Windows XP.

7. b) Cmd.

8. a) Propietario.

9. d) Rubuntu.

10. c) Root.

TEST N.º 16

Ofimática: procesador de textos; hoja electrónica de cálculo (Libreoffice); gráficos de oficina; agenda y correo electrónico. Intranet: concepto y utilidad. Internet

Capítulo 1. Procesador de textos

1. Para moverse al inicio del documento con el teclado, ¿qué debe pulsar?

a) RePág.
b) Inicio.
c) Ctrl + Inicio.
d) Alt + Inicio.

2. Para seleccionar todo el documento, ¿qué tecla debe pulsar?

a) Ctrl + E.
b) Ctrl + C.
c) Ctrl + V.
d) Ctrl + X.

3. ¿Qué tecla debe mantener pulsada para seleccionar junto con las teclas de desplazamiento (arriba, abajo, izquierda y derecha)?

a) Ctrl.
b) Enter.
c) Alt.
d) Shift.

4. Para cortar un texto ya seleccionado, ¿qué combinación de teclas tiene que pulsar?

a) Ctrl + X.
b) Ctrl + C.
c) Ctrl + V.
d) Ctrl + E.

5. Para guardar los cambios realizados, ¿qué combinación de teclas tiene que pulsar?

a) Ctrl + C.
b) Ctrl + V.
c) Ctrl + E.
d) Ctrl + G.

6. Para poner en negrita un texto seleccionado, ¿qué combinación de teclas debe pulsar?

a) Ctrl + C.
b) Ctrl + N.
c) Ctrl + E.
d) Ctrl + U.

7. Para que se enumeren correctamente las páginas de un documento, ¿dónde debe insertar el número de página?

a) En la primera línea del documento.
b) En el encabezado.
c) En el pie de página.
d) En el pie de página o en el encabezado.

8. ¿Qué tecla debe pulsar para moverte por las tabulaciones?

a) Inicio.
b) TAB.
c) Fin.
d) Alt.

9. ¿Qué combinación de teclas usaría para buscar y reemplazar una palabra?

a) Ctrl + C.
b) Ctrl + B.
c) Ctrl + E.
d) Ctrl + Z.

10. ¿Qué combinación de teclas usaría para deshacer un cambio?

a) Ctrl + C.
b) Ctrl + B.
c) Ctrl + E.
d) Ctrl + Z.

En tu Curso MAD360 tienes más **preguntas de este tema** y todos tus avances quedan registrados.

¡MAD360, todo lo que necesitas para conseguir tu plaza!

Solución al test n.º 16

1. c) Ctrl + Inicio.

2. a) Ctrl + E.

3. d) Shift.

4. a) Ctrl + X.

5. d) Ctrl + G.

6. b) Ctrl + N.

7. d) En el pie de página o en el encabezado.

8. b) TAB.

9. b) Ctrl + B.

10. d) Ctrl + Z.

**Perspectiva de género. Salud y género. Violencia de género:
prevención, detección y actuación por parte de los/las profesionales
del Servicio Gallego de Salud**

1. La perspectiva de género en salud implica:

a) Reconocer únicamente diferencias biológicas entre mujeres y hombres.
b) Analizar cómo los roles y desigualdades sociales influyen en la salud.
c) Tratar de igual manera a todos los pacientes, sin diferenciar sexo ni género.
d) Centrarse en patologías propias de la mujer.

2. El enfoque androcéntrico en medicina significa:

a) Que la investigación se centra en ambos sexos por igual.
b) Que el varón adulto es tomado como modelo de referencia.
c) Que se priorizan las enfermedades crónicas de la mujer.
d) Que se excluyen los determinantes sociales de la salud.

3. La Ley Orgánica 3/2007 establece:

a) La igualdad salarial en todos los sectores.
b) La creación del protocolo sanitario contra violencia de género.
c) El derecho a la interrupción voluntaria del embarazo.
d) La transversalidad de género en las políticas públicas, incluida la sanidad.

4. Según la OMS, las desigualdades de género son:

a) Factores exclusivamente culturales.
b) Consecuencias inevitables del sexo biológico.
c) Determinantes sociales clave de la salud.
d) Variables sin impacto en políticas públicas.

5. La transversalidad de género significa:

a) Integrar la perspectiva de género en todas las políticas y programas.
b) Aplicarla solo en áreas de igualdad y violencia de género.

c) Implementar programas específicos para mujeres.
d) Coordinar sectores como justicia y empleo.

6. La intersectorialidad busca:

a) Incorporar la igualdad únicamente en el sistema sanitario.
b) Coordinar diferentes sectores para dar respuestas globales.
c) Limitar la intervención a sanidad y educación.
d) Sustituir la transversalidad de género.

7. Una consecuencia del sesgo androcéntrico es:

a) Diagnóstico temprano de enfermedades cardiovasculares en mujeres.
b) Invisibilización de patologías prevalentes en mujeres.
c) Incremento de la mortalidad masculina por causas externas.
d) Mayor prevalencia de cáncer en hombres.

8. La Ley Orgánica 1/2004 reconoce la violencia de género como:

a) Una vulneración de derechos humanos y un problema de salud pública.
b) Un problema social pero no sanitario.
c) Un fenómeno exclusivamente judicial.
d) Un delito menor en relaciones de pareja.

9. El WAST-Versión corta se aplica a:

a) Mujeres de 15 o más años en consultas sanitarias.
b) Solo a mujeres embarazadas en seguimiento prenatal.
c) Únicamente en urgencias hospitalarias.
d) Personas de ambos sexos en atención primaria.

10. Si el WAST es negativo, se recomienda:

a) Repetir cribado a los 2 años salvo nuevos indicadores.
b) Derivar a servicios sociales de inmediato.
c) Aplicar el cuestionario AAS.
d) Notificar obligatoriamente a la policía.

Solución al test n.º 17

1. b) Analizar cómo los roles y desigualdades sociales influyen en la salud.

2. b) Que el varón adulto es tomado como modelo de referencia.

3. d) La transversalidad de género en las políticas públicas, incluida la sanidad.

4. c) Determinantes sociales clave de la salud.

5. a) Integrar la perspectiva de género en todas las políticas y programas.

6. b) Coordinar diferentes sectores para dar respuestas globales.

7. b) Invisibilización de patologías prevalentes en mujeres.

8. a) Una vulneración de derechos humanos y un problema de salud pública.

9. a) Mujeres de 15 o más años en consultas sanitarias.

10. a) Repetir cribado a los 2 años salvo nuevos indicadores.

SUPUESTOS PRÁCTICOS

Supuesto sobre autonomía del paciente

Josefa y Santiago, son un matrimonio de 88 y 82 años que conviven de manera autónoma en su propio domicilio, aunque algunos familiares acuden a ayudarles en tareas domésticas que requieren esfuerzo. Un día, volviendo de hacer las compras diarias desde un pequeño supermercado de la zona, Josefa tiene un accidente debido al mal estado del acerado de la calle. Sufre una rotura de cadera por la que debe ser intervenida quirúrgicamente, encontrándose ingresada en un Centro Hospitalario.

Una vez que le dan el alta y se encuentra en su domicilio, su hijo mayor Manuel, decide interponer una reclamación contra el Ayuntamiento de la localidad por el mal estado de la vía por la que caminaba su madre. Acude al hospital donde solicita la historia clínica de su madre como prueba de todos los contratiempos sufridos y la persona que le atiende se niega a proporcionarle tal documentación por no ser el titular de dicha historia.

Cuestiones

1. En materia de información sanitaria asistencial, Josefa tiene derecho a:

a) Que se respete el carácter confidencial de los datos referentes a su salud.

b) Decidir, libremente, después de recibir la información adecuada, entre las opciones clínicas disponibles.

c) Que quede constancia por escrito de la información obtenida en todos sus procesos asistenciales.

d) Conocer, con motivo de cualquier actuación en el ámbito de su salud, toda la información disponible sobre la misma.

2. ¿Puede Manuel tener acceso a la documentación de la historia clínica de su madre, Josefa?

a) No, el personal de administración puede negarse a proporcionar la historia clínica a Josefa.

b) La paciente puede ejercer su derecho a través de la representación de su hijo Manuel, debidamente acreditada.

c) No, porque no es titular de la historia clínica

d) La historia clínica no puede ser utilizada como prueba de los procesos asistenciales de Josefa.

3. Los fundamentos éticos de obligado cumplimiento por los profesionales de la salud que atienden a Josefa hacen referencia a:

a) No maleficencia y la justicia.

b) La beneficencia y la autonomía.

c) El servicio y la capacidad.

d) La seguridad y el criterio personal.

4. Antes de ser intervenida quirúrgicamente, Josefa desea manifestar su voluntad a través del documento, con objeto de que ésta se cumpla en el momento en que llegue a situaciones en cuyas circunstancias no pueda expresarla. Este documento se llama:

a) Consentimiento informado.

b) Documento de instrucciones previas.

c) Consentimiento por representación.

d) Secreto profesional.

5. El documento de consentimiento informado que se entregó a Josefa antes de la intervención quirúrgica reflejará un verdadero consentimiento por su parte si:

a) Aparece su firma.

b) Lleva incorporado un consentimiento escrito y firmado personalmente por el usuario.

c) Ha recibido antes de firmar la información adecuada.

d) Ella no contempla otras opciones.

6. El facultativo proporcionará a Josefa, antes de recabar su consentimiento escrito, la información básica siguiente:

a) Los riesgos relacionados con las circunstancias personales o profesionales de la paciente.

b) Las consecuencias que la intervención origina incluso cuando éstas no sean importantes ni el origen que se sospecha lo sea con seguridad.

c) Los riesgos probables en condiciones excepcionales, conocidos por experiencia y relacionados con ese tipo de intervención.

d) Las consecuencias infrecuentes y poco habituales.

7. Cuando el facultativo acude para informar a Josefa, observa que esta está agitada y muy angustiada por la intervención quirúrgica, influyendo tal estado en los valores de normales que se esperan de tensión arterial y pulso. Ante dicha situación, ¿puede el facultativo limitar el derecho de información de la paciente?

a) No, en ningún caso.

b) Sí, por la existencia acreditada de un estado de necesidad terapéutica.

c) Sí, siempre que un familiar de su consentimiento.

d) Sólo en algunas ocasiones.

8. Con respecto a la historia clínica de Josefa, indica cuál de las siguientes respuestas es incorrecta:

a) En la historia clínica no solo se identifican los médicos que han tratado a la paciente sino todos los profesionales que intervinieron a lo largo de su proceso asistencial.

b) El centro archivará la historia clínica de la paciente, cualquiera que sea el soporte, de manera que queden garantizadas su seguridad, su correcta conservación y la recuperación de la información.

c) La historia clínica será única para la paciente y acumulará cada episodio asistencia.

d) La paciente o sus familiares establecerán los mecanismos que garanticen la autenticidad del contenido de la historia clínica y de los cambios operados en ella.

9. No formará parte de la historia clínica de la paciente:

a) La anamnesis.

b) Las órdenes médicas.

c) La documentación/reclamación que se interpone contra el Ayuntamiento de la localidad.

d) Datos que identifiquen el proceso de atención sanitaria.

10. ¿Qué personal sólo puede acceder a los datos de la historia clínica de Josefa relacionados con sus propias funciones?

a) Los médicos.
b) El personal de administración y gestión de los centros sanitarios.
c) El personal de enfermería.
d) El personal subalterno.

11. Hace unos años, Josefa dejó constancia de manera formalizada de un documento de instrucciones previas. ¿A quién debe hacer llegar el documento la paciente o sus familiares?

a) Al Servicio de Admisión de Enfermos.
b) Al médico responsable de la paciente.
c) Al Defensor del paciente.
d) Al centro sanitario donde la paciente está ingresada para que sea incorporado a su historia clínica.

12. ¿De quién es propiedad la historia clínica de Josefa?

a) De la paciente.
b) Del médico responsable.
c) De los familiares de la paciente.
d) De la Administración titular del centro sanitario.

13. ¿Qué ocurriría si Josefa no aceptara el tratamiento que su médico responsable le propone?

a) Que la intervención sería llevada a cabo sin su consentimiento.
b) Que la Dirección le propondría firmar el alta voluntaria.
c) Se pondría en conocimiento del juez.
d) Un familiar debería firmar el consentimiento.

14. ¿Qué documento deberá aportar Josefa cuando interponga la reclamación contra el Ayuntamiento local, que resuma su historial clínico?

a) Historia clínica.
b) Documentación clínica.
c) Informe de alta médica.
d) Certificado médico.

15. Señala cuál de los siguientes derechos no se relaciona directamente con los relativos a la autonomía de la paciente:

a) Derecho a negociar con los datos referentes a su salud.
b) Derecho a negarse al tratamiento

c) Derecho a que se respeten los deseos expresados en el documento sobre instrucciones previas.

d) Derecho a decidir libremente, después de recibir la información adecuada, entre las opciones clínicas disponibles.

16. Manuel, en representación de su madre, solicita una copia auténtica de un documento aportado previamente por su madre:

a) Cualquier funcionario del Organismo puede realizar la copia auténtica.

b) La copia auténtica necesariamente se facilitará en formato papel.

c) Las copias auténticas tienen la misma validez y eficacia que los documentos originales.

d) Las Administraciones Públicas no están obligadas a expedir copias auténticas electrónicas de documentos en papel que presenten los interesados para incorporar a un expediente administrativo.

17. Iniciado un procedimiento a solicitud de Manuel:

a) En las solicitudes de iniciación, el interesado deberá identificar el medio electrónico, o en su defecto, lugar físico en que desea que se practique la notificación.

b) El interesado debe aportar su dirección de correo electrónico y/o dispositivo electrónico con el fin de que las Administraciones Públicas le avisen del envío o puesta a disposición de la notificación.

c) Los interesados no pueden exigir recibo que acredite la fecha y hora de presentación de las solicitudes, comunicaciones y escritos que se presenten electrónicamente.

d) No es obligatorio firmar la solicitud, ya que esta puede ser anónima.

18. Formará parte del expediente administrativo:

a) La información que tenga carácter auxiliar.

b) Juicio de valor de la Administración Pública, cuando se trate de informes, preceptivos y facultativos, solicitados antes de la resolución administrativa que ponga fin al procedimiento.

c) La información que tenga carácter de apoyo.

d) Cualquier juicio de valor emitido por las Administraciones Públicas.

19. ¿Cómo se llama el punto de acceso electrónico cuya titularidad corresponde a una Administración Pública, organismo público o entidad de Derecho Público que permite el acceso a través de internet a la información publicada y, en su caso, a la sede electrónica correspondiente?

a) Portal de internet.

b) Plataforma logística.

c) Web maestra.

d) Sitio autorizado.

20. ¿Cómo se llama la capacidad de los sistemas de información y de los procedimientos a los que éstos dan soporte, de compartir datos y posibilitar el intercambio de información y conocimiento entre ellos?

a) Interrelación.
b) Interconexión.
c) Interoperabilidad.
d) Interación.

En tu Curso MAD360 tienes más **supuestos prácticos** y todos tus avances quedan registrados.

¡MAD360, todo lo que necesitas para conseguir tu plaza!

Solución al supuesto n.º 1

1. d) Conocer, con motivo de cualquier actuación en el ámbito de su salud, toda la información disponible sobre la misma.

2. b) La paciente puede ejercer su derecho a través de la representación de su hijo Manuel, debidamente acreditada.

3. a) No maleficencia y la justicia.

4. b) Documento de instrucciones previas.

5. c) Ha recibido antes de firmar la información adecuada.

6. a) Los riesgos relacionados con las circunstancias personales o profesionales de la paciente.

7. b) Sí, por la existencia acreditada de un estado de necesidad terapéutica.

8. d) La paciente o sus familiares establecerán los mecanismos que garanticen la autenticidad del contenido de la historia clínica y de los cambios operados en ella.

9. c) La documentación/reclamación que se interpone contra el Ayuntamiento de la localidad.

10. b) El personal de administración y gestión de los centros sanitarios.

11. d) Al centro sanitario donde la paciente está ingresada para que sea incorporado a su historia clínica.

12. d) De la Administración titular del centro sanitario.

13. b) Que la Dirección le propondría firmar el alta voluntaria.

14. c) Informe de alta médica.

15. a) Derecho a negociar con los datos referentes a su salud.

16. c) Las copias auténticas tienen la misma validez y eficacia que los documentos originales.

17. a) En las solicitudes de iniciación, el interesado deberá identificar el medio electrónico, o en su defecto, lugar físico en que desea que se practique la notificación.

18. b) Juicio de valor de la Administración Pública, cuando se trate de informes, preceptivos y facultativos, solicitados antes de la resolución administrativa que ponga fin al procedimiento.

19. a) Portal de internet.

20. c) Interoperabilidad.

Supuesto sobre funcionamiento de las Instituciones Sanitarias

Paciente varón de 27 años, acude al servicio de urgencias del Hospital de Referencia. Ha sido tratado por una supuesta neumonía en el Centro de Salud de zona, donde se le han realizado diversas pruebas. Después de siete días, al no remitir el cuadro de fiebre con antitérmicos ni los síntomas que presentaba, el médico del Servicio de Atención Primaria decide enviarle al hospital.

Se realizan una serie de pruebas y se le detecta una tuberculosis con presencia de neumotórax que requiere una punción cutánea con drenaje. Posteriormente requiere intervención quirúrgica para el sellado de la pleura.

El ingreso hospitalario dura tres semanas, durante las cuales, el paciente recibe tratamiento por vía oral e intravenosa y se le realizan exploraciones y pruebas en diversos servicios hospitalarios.

Una vez que el paciente recibe el alta hospitalaria, se le prescribe tratamiento farmacológico que deberá seguir durante 6 meses y tendrá que acudir a revisiones periódicamente.

Dos meses después, el paciente vuelve a acudir al hospital a las 23.45 h. y el médico del servicio de urgencias decide ingresarle por precaución. Después de realizarle diversas pruebas, se le diagnostica un cuadro de gripe que cursa de manera habitual, sin consecuencias.

Cuestiones

1. ¿Cuál es el servicio que gestiona al paciente, desde la entrada al Centro Sanitario, y a través del que se intercambiará información desde la asistencia de Atención Primaria?

a) El Centro de Diagnóstico y Documentación Clínica.
b) El Servicio de Atención Especializada.
c) El Centro de Enfermería de la planta en la que ha sido ingresado.
d) Los Servicios de Admisión, Atención y Documentación Clínica.

2. Una vez que el paciente queda ingresado en el Centro Sanitario, ¿quién es el que garantiza el cumplimiento del derecho de información de éste?

a) El defensor del paciente.
b) El médico responsable del paciente.
c) El Servicio de Admisión y Atención.
d) La enfermera de planta.

3. ¿Dónde quedará recogido todo el fondo documental producido durante la enfermedad del paciente?

a) En la tarjeta sanitaria individual.
b) En la Unidad de Admisión del Hospital.
c) En el Archivo de Historias Clínicas.
d) En el Centro de ingresos documentales.

4. Cuando se debe trasladar al paciente desde un Servicio a otro del Hospital para realizar pruebas diagnósticas y exploratorias, ¿a quién se solicitará la autorización de dicho traslado?

a) El médico responsable del paciente.
b) A la Jefa de Enfermería.
c) Al Servicio de Admisión.
d) Al Servicio de Documentación Clínica.

5. ¿Qué servicio será el que organice las consultas de revisión a las que debe acudir el paciente periódicamente?

a) El Servicio de Registro de Citas.
b) El Centro de Salud de zona.
c) La Unidad de Gestión Clínica.
d) La Unidad de Admisión de Consultas.

6. La cita del paciente para acudir a la consulta de Radiodiagnóstico donde realizar una revisión posterior al alta es competencia de:

a) Los Servicios Centrales.
b) La Unidad de Admisión de Consultas.
c) Las Consultas Externas.
d) Los Servicios de Admisión de Urgencias.

7. Cuando el paciente acude al hospital y reingresa, siendo diagnosticado de un cuadro de gripe, ¿qué servicio debe realizar la localización en archivo de Historias Clínicas del ingreso anterior?

a) Los Servicios Centrales.
b) Admisión de Ingresos.
c) Admisión de Consultas.
d) Admisión de Urgencias.

8. El servicio de Admisión de Ingresos cumplimentará el registro de ingreso y posterior alta del paciente donde se indicarán los siguientes datos excepto uno, indica cuál:

a) Sexo y fecha de nacimiento.
b) Diagnósticos de entrada y salida.
c) Número de ingreso y de historia clínica.
d) Medio de acceso.

9. ¿Quién debe establecer el Plan de Organización de Consultas Externas en las que debe ser inscrito el paciente para recibir asistencia ambulatoria posterior al alta?

a) EL servicio de Admisión de Ingresos.
b) La Dirección del hospital.
c) La unidad de Admisión de Consultas.
d) Los servicios de Admisión y Atención y Documentación Clínica.

10. ¿A través de qué dispositivo es ingresado el paciente cuando acude al hospital con síntomas de gripe?

a) La unidad de Admisión de Urgencias.
b) La unidad de Admisión de Consultas.
c) La unidad de Admisión de Ingresos.
d) La unidad de Admisión de Incidencias.

11. ¿Dónde deben solicitar los familiares del paciente pases de visita para acompañar a éste?

a) En la unidad de Admisión de Urgencias.
b) En la unidad de Admisión de Consultas.

c) En la unidad de Admisión de Ingresos.
d) En la unidad de Admisión de Incidencias.

12. Señala cuál de las siguientes gestiones puede solicitar el paciente a la unidad de Admisión de Urgencias:

a) Envío de citas por correo o teléfono.
b) Autorización de alta.
c) Control de traslado.
d) Avisos al servicio de ambulancias.

13. ¿Qué debe hacer el paciente si, durante su estancia en el Centro Sanitario, necesita información referida a hospedería para familiares?

a) Solicitarla al Servicio de Atención al Paciente.
b) Acudir al Servicio de Ingresos y presentar una solicitud de información.
c) Llamar al 112.
d) Demandarla como asistencia ambulatoria.

14. Al recibir el alta de su segundo ingreso, el paciente recibe una encuesta Post-hospitalización para que conteste algunas cuestiones que se le plantean con el fin de conocer su punto de vista como usuario. ¿A qué servicio debe entregar los impresos una vez cumplimentados?

a) A la Unidad de Admisión de Ingresos.
b) A la Unidad de Admisión de Urgencias.
c) Al Servicio de Celadores.
d) Al Servicio de Atención al Paciente.

15. ¿Quiénes son los responsables del registro de urgencias donde el paciente fue inscrito al ser atendido en dicho servicio?

a) El administrativo responsable del Servicio de Admisiones.
b) Los médicos de admisión y documentación clínica.
c) El/la jefe/a de enfermeros/as de admisiones.
d) La Dirección Gerencia.

16. Toda la evolución del paciente durante el tiempo que ha estado en tratamiento, tanto en el Centro Hospitalario como en su domicilio, se encuentra recogida en:

a) La Información Clínica.
b) El Informe de Alta Médica.
c) La Historia Clínica.
d) El Informe de Admisión en Consultas.

17. El documento que ha emitido el médico responsable del paciente al finalizar su proceso asistencial ha sido:

a) El Informe de voluntades previas.
b) El Informe de libre elección.
c) La Historia Clínica.
d) El Informe de Alta Médica.

18. ¿Dónde deben acudir los familiares del paciente para saber la planta o servicio en que se encuentra éste, incidencias, traslados, etc.?

a) A la Unidad de Admisión de Ingresos.
b) A la Unidad de Admisión de Urgencias.
c) Al Punto de Información para el usuario.
d) Al Servicio de Atención al Paciente.

19. ¿Qué documento debe recabar el médico responsable una vez que informa al paciente de la debida intervención quirúrgica para el sellado de la pleura?

a) Certificado médico.
b) Consentimiento informado.
c) Historia clínica.
d) Informe de alta médica.

20. ¿Qué servicio debe verificar la conformidad del paciente y dar a éste las instrucciones precisas que debe tener en cuenta para la intervención quirúrgica para el sellado de la pleura?

a) La Unidad de Admisión de Ingresos.
b) El Servicio de Gestión de lista de espera quirúrgica.
c) La Unidad de Admisión de Urgencias.
d) Al Servicio de Atención al Paciente.

Solución al supuesto n.º 2

1. d) Los Servicios de Admisión, Atención y Documentación Clínica.

2. b) El médico responsable del paciente.

3. c) En el Archivo de Historias Clínicas.

4. c) Al Servicio de Admisión.

5. d) La Unidad de Admisión de Consultas.

6. a) Los Servicios Centrales.

7. b) Admisión de Ingresos.

8. d) Medio de acceso.

9. b) La Dirección del hospital.

10. a) La unidad de Admisión de Urgencias.

11. c) En la unidad de Admisión de Ingresos.

12. d) Avisos al servicio de ambulancias.

13. a) Solicitarla al Servicio de Atención al Paciente.

14. d) Al Servicio de Atención al Paciente.

15. b) Los médicos de admisión y documentación clínica.

16. c) La Historia Clínica.

17. d) El Informe de Alta Médica.

18. d) Al Servicio de Atención al Paciente.

19. b) Consentimiento informado.

20. b) El Servicio de Gestión de lista de espera quirúrgica.